Rosa Bazar

Nous, les 11-15 ans

Illustrations Vincent Odin

De La Martinière
Jeunesse

Clic-clac !

Flash ! Entre les mains, il reste un instantané. Celui d'une tranche d'âge : les onze-quinze ans. Une étape de la vie jusqu'alors un peu oubliée des statistiques, mais qui commence à intéresser nos économistes.

À l'abri des regards, elle clôt l'enfance et précède l'adolescence. Une période de transition variable selon chacun, sans grands conflits apparents, où se mêlent jeux d'enfants et insoumissions d'ados, raisonnements d'adultes et peurs de grandir. Coups de gueule, coups de blues, coups de tête, grands bonheurs, petites joies, immenses sensations, premiers frissons, premiers émois…

Regarder cette photo de classe (classe d'âge, bien sûr), c'est se plonger dans un puzzle. Les pièces sont étalées en vrac sur la table. Mais tous ces éléments éparpillés vont peu à peu s'accrocher les uns aux autres pour former un tout construit, porteur de sens.

Pour échapper aux grands discours et aux analyses classiques, on a choisi de considérer une petite poignée d'entre vous. Jamil, Sarah, François, Cécile, Christophe, Milena et les autres, un peu partout en France, ont fait, au hasard des rencontres, résonner des mots plus forts que les autres. Bien sûr, il y en a beaucoup d'autres, mais ceux-là les touchent vraiment. Des mots qui résument un peu ce que sont les onze-quinze ans. Quelques lettres d'alphabet nous ont servi de fil rouge pour les décliner comme une comptine.

9

chapitre

1

Les portraits

Une génération optimiste

Les jeunes que nous avons rencontrés dévoilent leur intimité et nous font partager leur quotidien. Leur point commun : ils ont tous entre onze et quinze ans.

Une génération lucide, joyeuse, bien dans ses baskets, plutôt pratique, terre à terre et engagée pour « notre planète de demain ». Si leurs grands frères et sœurs sont plus pessimistes, les onze-quinze ans d'aujourd'hui sont souvent optimistes et assez à l'aise dans la société. Cette aisance, ils la tirent des bonnes relations qu'ils entretiennent avec la famille et les amis.

Entre onze et quinze ans, on est enfant ou petit-enfant de ceux qui ont lancé des pavés, élevé des bébés et très souvent divorcé. La famille a éclaté, s'est recomposée, alors comment s'y retrouver ? Pas simple mais faisable... On s'y fait. Nouvelle tribu, nouveau noyau familial. Ceux dont la famille est encore soudée s'identifient facilement au père et à la mère, les autres préfèrent se reconnaître parmi leurs semblables : la bande, les copains.

En classe, on est le plus souvent bon élève, accroché, responsable. On a compris que, sans études, « difficile d'y arriver ». La grande majorité d'entre eux déclare : « L'école nous prépare bien à l'avenir ! » Ils ont confiance en eux, et pour cause. Entre onze et quinze ans, on n'a pas les pieds vissés aux pantoufles. On sort, on court, on s'engage dans des associations sportives, culturelles... Et ceux qui restent à la maison, repliés dans leur cocon ? C'est parce qu'ils lisent, écrivent, « chattent » avec MSN ou naviguent comme des forcenés sur le Net. « Y a pas mieux pour voyager ! » Il y a aussi l'incontournable petit écran : son chapelet de séries, Star Ac' et téléréalité, et des centaines de chaînes... Ce que l'on préfère, ce sont les musicales... car la musique, aujourd'hui, c'est non seulement du son, mais aussi une façon d'être, des looks et de la mode. « Plus fashion que le catalogue de La Redoute ! » Quand enfin on débranche de la petite lucarne, c'est

pour rebrancher aussitôt sa console. Mais quel jeu choisir ? À chacun le sien parmi cette pléthore.

Ce qui est sûr, c'est que, entre onze et quinze ans, on court après les émotions fortes, intimes ou collectives. De l'excitation du solitaire devant sa console de jeu jusqu'aux frissons partagés d'un film d'horreur qu'on aime bien regarder un samedi soir entre amis. Ce qu'on aime par-dessus tout : « Se taper des barres entre copains » (rigoler)…

Lorsqu'ils arrêtent de se regarder le nombril, les onze-quinze ans ont une vision nuancée de ce qui les entoure. Ils se sentent sûrs d'eux mais ont dans le même temps peur de la guerre (56 %), du racisme (49 %), du sida (37 %)… À propos du collège, 47 % évoquent aussi la violence.

Pour eux, elle est souvent incompréhensible : le racisme ? la majorité des onze-quinze ans ne se pose même pas la question : ils ne se sont pas souciés d'avoir un voisin de classe black, jaune, blanc ou beur...

Quoi qu'il arrive, leur regard sur la société est bien plus optimiste que celui de leurs aînés. Dans l'idée que tout peut s'arranger, nos jeunes sont demandeurs d'actions concrètes pour la sauvegarde de la planète, l'éradication de la faim dans le monde, le développement des énergies renouvelables... Les gestes simples pour trier les poubelles, économiser l'eau ou le papier... sont pour eux des réflexes quotidiens. Quant aux nouvelles technologies, elles font partie de leur vie et, ils en sont sûrs, elles permettront de trouver des solutions... En tout cas, les onze-quinze ans résistent au discours politique ambiant très pessimiste. Vive la créativité et l'optimisme !

Entre onze et quinze ans, certains sont plus libres que d'autres, il y a les fliqués par les parents – qui leur font subir « Alcatraz en permanence » –, les parrainés par les plus grands, les livrés à eux-mêmes qui font route comme ils le peuvent, seuls ou épaulés par les copains. Il y a les solitaires invétérés qui n'ont pas encore envie de sortir de leur coquille. Il y a les tout-petits, encore dans l'enfance. Et puis il y a les plus grands, qui font drôlement envie...

15

Entre onze et quinze ans, les copains comptent énormément, chacun s'établit dans sa tribu, son cercle d'amitiés. Pas toujours facile d'échapper aux querelles de frontières, aux incompréhensions entre filles et garçons, avant d'avoir le « droit » de se rapprocher les uns des autres.

Paris et sa région...

Milena, douze ans, est en cinquième. Depuis chez elle, elle a le privilège de contempler les toits du XXe arrondissement de Paris. Tous les jours, ses pas, qui doivent éviter les lignes du trottoir – sinon la journée est fichue « vegra » –, la mènent de la maison au collège. Cette jolie brune au sourire ravageur est pétillante et charmante. Joyeuse, bien dans sa peau, elle est réellement heureuse de son sort. Milena aime les voyages, la danse, qu'elle pratique, et surtout le collège et le flot de copains et de copines avec qui elle partage son quotidien. Ses amitiés avec Flora, Lisa, Claire et les autres sont fortes, chaleureuses, plutôt conflictuelles, mais jamais assez pour se défaire. « Mes amis sont indispensables à ma vie, avoue-t-elle. L'amitié, c'est plus fort que tout, c'est indestructible. Surtout que les parents, est-ce qu'on peut vraiment compter sur eux ? » Milena s'interroge. Comme beaucoup de jeunes de la région parisienne, c'est une enfant de divorcés.

Jamil a douze ans, il est en cinquième. Il vit dans le Val-d'Oise, en région parisienne. Son père, tunisien, est contrôleur aérien au petit aérodrome de Pontoise, où habite toute la famille. Sa mère, française, est enseignante. Jamil regarde le monde avec calme et pondération. Une fierté naturelle, une présence forte se dégagent de sa personne. Ses yeux sombres et sa façon d'être lui donnent une personnalité de meneur, responsable et réfléchi. D'ailleurs, il a de vraies responsabilités au collège. Jamil aime lire, pratique le tennis, joue au foot, collectionne les autographes des joueurs du PSG et fabrique des maquettes… d'avions, bien sûr. Sa vie se partage entre la région parisienne, Salon-de-Provence chez papi-mamie et Djerba en Tunisie chez mamabouba et papamamoud. L'été, c'est plutôt soleil, cousins, cousines.

Arnaud et Emmanuel, quatorze ans, sont en troisième à Igny, en région parisienne. Amis depuis la sixième, ils partagent le même style de vie. L'un vit à Igny, avec son père, ingénieur, l'autre à La Verrière avec sa mère, prof de français. Tous deux enfants de divorcés, ils mènent une vie très indépendante. Tous les quinze jours, chacun va de son côté retrouver le parent manquant au foyer : Arnaud à Bordeaux, chez sa mère, Emmanuel à Paris, chez son père. Leurs loisirs ressemblent beaucoup à ceux des jeunes de leur âge, sport, lecture, télé... Pourtant, Arnaud, le brun, et Emmanuel, le blond, quand ils parlent de leur avenir, de leurs études, ont quelque chose de plus grave que les autres. Quelque chose qui les rend plus sombres, qui fait qu'ils ont mûri plus vite... Peut-être est-ce dû à cette double existence, partagée, un peu en équilibre sur le fil de la vie.

Leslie et Julie-Marie, douze ans, et Claire, treize ans, habitent toutes trois une cité un peu triste de la petite couronne parisienne, à deux pas de la porte de la Villette. Ces trois bonnes copines sont des sportives affranchies : look baskets montantes et jogging pour les deux premières, plus branchée mode pour la troisième. Toutes trois en cinquième, elles se fichent pas mal des garçons et font leur vie de jeunes filles bien élevées mais effrontées... Elles savent ce qu'elles veulent et la « caillera » – traduisez « racaille » – ne leur fait pas peur... « C'est simple,

18

on s'en occupe pas et puis voilà… » De leur vie, elles veulent faire quelque chose de bien… et elles rêvent que, plus tard, elles vivront ailleurs. Leslie à la montagne, loin de la ville polluée, Claire près d'un océan dont elle veut faire son métier, Julie dans une immense maison plantée dans un endroit tranquille à la campagne. « Mais d'abord, faut s'accrocher ! Surtout quand on est enfants d'ouvriers… »

Jules, onze ans, est en sixième et sa sœur, Lola, quatorze ans, est déjà au lycée en seconde. Tous les deux fréquentent une institution chic du XVIe

arrondissement de Paris. C'est par hasard qu'ils se retrouvent scolarisés dans cet énorme établissement, « parce que, ici, l'après-midi, on fait du chant et de la musique… » Tous deux, musiciens, ont choisi des classes à horaires aménagés. Après avoir passé un concours d'entrée, lui depuis cette année, elle depuis trois ans, ils sont partagés entre scolarité obligatoire et passion musicale… Ils habitent dans une commune en lisière de la capitale et, tous les matins, c'est en transports en commun, RER et métro, parfois en voiture avec leurs parents, qu'ils se rendent en cours. Une vie déjà bien remplie, qu'ils ont choisie et dont ils profitent pleinement en sachant combien ils sont privilégiés. Avant cela, scolarisés dans les écoles de leur quartier qualifié de difficile, ils ont appris la débrouillardise. Cette appartenance à la banlieue leur donne une forme de maturité qui les aide à affronter le quotidien.

Toulouse et sa région...

François a quinze ans et est en seconde. Il habite la banlieue toulousaine. Il est privilégié et il le sait. En retrait de la grande ville et même du village, François a trouvé deux moyens pour s'échapper de sa campagne : le « scoot » et l'ordinateur. Quand l'un est remisé au garage, François pianote sur l'autre de longues heures. « Une sacrée fenêtre sur le monde ! », affirme-t-il. François a créé un blog où il invente des histoires, parle de lui, échange des idées... Ce « blogueur » invétéré aime aussi « chatter » par MSN avec ses copains, surfer sur Internet, jouer à sa console. C'est avec son cousin et quelques amis aussi mordus que lui qu'il partage la passion du cybermonde, et de la « blogosphère » tout particulièrement. Avec son sourire d'ange et sa taille de géant, François est un charmeur au grand cœur qui aime faire rire, « surtout les filles, avoue-t-il, et les amis aussi... »

Marmande
en Lot-et-Garonne

Cécile a quinze ans et est en seconde. Son frère Sylvain en a onze et est en sixième. Ils habitent en lisière de Marmande. Tous deux se ressemblent étrangement. Le même regard doux, le même sourire éclatant et les cheveux d'un noir de jais. Tous deux ont le même abord timide, infiniment réservé. Pourtant, Sylvain et Cécile sont engagés dans leurs idées, en amitié et au sein de leurs collège et lycée. Enfants de profs, ils sont très indépendants. Passionnés tous deux de musique, de théâtre et de tennis, ils décident de leurs activités culturelles et sportives. Leurs goûts divergent pourtant sur quelques points, par exemple : Sylvain aime le foot, sa sœur le déteste et préfère la solitude, « pour pouvoir lire », se justifie-t-elle. Cécile rêve de vivre dans une grande ville, alors que son frère préfère la campagne et se passionne pour la cueillette des champignons et les balades en forêt.

Angoulême et ses environs...

Tiffany, quinze ans, est en troisième et sa sœur Santana, douze ans, en sixième. Elles habitent à quelques kilomètres d'Angoulême dans un petit village isolé. Leurs parents sont ouvriers. Tiffany et Santana sont sympas, dynamiques et aussi jolies l'une que l'autre. Mais, côte à côte, c'est le jour et la nuit : un peu de jalousie, parfois la guerre, quelquefois la paix. La plus jeune paraît être la plus âgée, même si elle se dit encore enfant, et la plus âgée se qualifie d'ado, alors qu'elle semble physiquement la plus jeune. L'une est proche de sa mère, l'autre préfère se confier à son père. Tiffany est plutôt réservée, mystérieuse, artiste dans l'âme. Pour elle, la vie, truffée de doutes et de remises en question, n'est pas un long fleuve tranquille. Santana, insouciante, se tourne davantage vers l'extérieur. Avec

23

son look glamour, elle prend la vie comme elle vient. Mélusine et Fanny ont onze ans. Ces deux copines habitent toutes deux en rase campagne. Un choix de leurs parents... Leurs maisons, des fermes restaurées, sont entourées de champs et de collines à perte de vue. La brune Mélanie et la blonde Fanny sont fluettes et loin des préoccupations de leurs aînées ados. Elles le disent elles-mêmes : « Nous sommes des enfants. » D'ailleurs, c'est avec nostalgie que Mélanie parle du primaire, où elle partageait son quotidien avec Fanny et leurs copains. Mais, voilà, cette année, Mélanie a pris le chemin du collège, alors que Fanny est restée en cm2. Déchirement... C'est seulement le mercredi et le week-end qu'elles se retrouvent pour jouer dans la paille à faire des cabanes et s'inventer des histoires de princesses.

Vers Poitiers

Magda, treize ans, est en quatrième. Elle vit avec ses parents à quelques kilomètres de Poitiers dans une petite ville. Magda n'est plus tout à fait une enfant, mais elle ne se sent pas non plus une âme de grande. Pour cette belle brunette avec des taches de rousseur, la vie n'est pas si simple. D'autant que ses parents sont en plein divorce. « Pas facile tous les jours, avoue-t-elle, mais je résiste. » Et quand on la regarde, ce sont ces

24

deux qualités qui se dégagent de sa personnalité : force et courage. Pour Magda, les choses vont très vite. En quelques mois, entre le divorce de ses parents et l'adolescence qui remplace l'enfance, la vie lui éclate en pleine figure comme un fruit trop mûr abandonné au soleil. Magda le sait : « Désormais, les choses ne seront plus comme avant. »

Orléans

Sarah a quatorze ans et demi. Elle habite Orléans. Elle est en troisième. « Un peu en bout de chaîne », comme elle dit. En bout de chaîne d'une tranche d'âge, d'un cycle scolaire. Avec son look très branché, à la Britney Spears, piercing, minijupe provocante, tennis montantes et ongles peints, Sarah a l'air plus âgée qu'elle ne l'est. Ses formes ont changé et, avec elles, ses préoccupations. Ses jouets sont remisés depuis longtemps. Sarah ne sait pas encore ce qu'elle veut faire : « Poursuivre des études... Un bac général. » Mais elle sait ce qu'elle ne veut pas. Elle ne veut plus être une enfant. Elle se sent plus responsable, plus engagée dans son existence. Sarah vit seule avec sa mère. La vie à deux n'est pas toujours facile, « surtout entre deux femmes ».

Lyon

Christophe a treize ans et demi.
Il fréquente la quatrième d'un collège privé de Lyon. C'est un jeune garçon sage. Derrière son quotidien un peu ronronnant et tellement chargé en activités qu'il se demande parfois s'il a le temps de réfléchir, Christophe rêve de liberté. Ses parents, prof et médecin, semblent lui avoir tracé une vie de garçon bien rangé. Mais Christophe rue dans les brancards. « C'est pas tous les jours facile de leur faire comprendre qu'on a grandi, confie-t-il. J'aimerais pouvoir sortir, m'éclater avec mes copains et mes copines, avoir du temps à moi… » Pour contrecarrer ce manque de liberté, Christophe a développé une passion pour son ordinateur, et Internet : « C'est fou, les rencontres qu'on peut faire… »

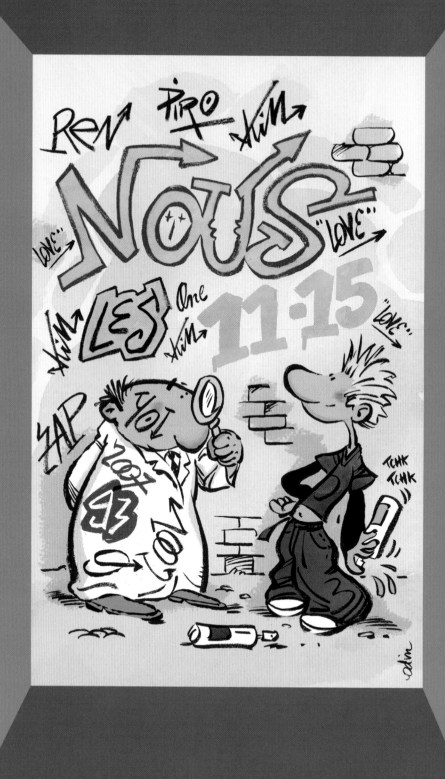

chapitre

2

ABC des ados

A : Amours, premiers troubles

L'un des sujets préférés des conversations des onze-quinze ans : les filles, les garçons et tout ce qui va avec. À cet âge-là, on ne badine pas avec l'amour. De la cour du collège à la chambre calfeutrée, du plus jeune au grand frère, tous en parlent, tous y pensent.

Jusque-là, l'amour, c'est celui du cocon familial : parents, frères, sœurs. Les proches vous aiment, on les aime. C'est simple. Parfois, on aime aussi son copain de classe, mais il suffit de le lui dire, c'est facile. Avec l'arrivée au collège, tout s'embrouille. Ça ne marche

30

plus comme avant. Tout à coup, on n'ose plus dire ce que l'on ressent de peur d'affronter l'indifférence de celui qu'on aime. On a peur d'aimer sans être aimé en retour. Les relations se révèlent compliquées.

Pour la première fois, on va se frotter et se troubler contre le corps de l'autre du même âge ou plus âgé que soi. Amoureux ou pas, les histoires de cœur entre onze et quinze ans se déclinent au rythme de sentiments forts.
En matière d'amour, on a besoin de modèles, de conseils, alors on cherche l'inspiration auprès des autres. Les proches amis d'abord, mais aussi les forums de parole sur le Net, les blogs. On se rassure avec des histoires qu'on connaît, qui marchent ou échouent… Peu importe. Celles des stars bien sûr, dont on suit avec intérêt les vies étalées dans la presse, sur la Toile. On rêve aussi en regardant des films : *Hiroshima mon amour*, *Titanic* ou *Roméo et Juliette* font toujours autant recette. Des références en la matière, comme l'histoire d'un amour absolu qu'on rêverait de vivre.

À onze ans, on joue surtout avec l'idée d'être amoureux. C'est le moment où l'on se pose la question : « Comment on embrasse ? » Mais, le plus souvent, « sortir » avec une fille ou un garçon, c'est se tenir la main, se glisser des mots doux. Quelque chose de tendre.

Au détour d'un couloir, un « smack », un « piou » ou un « kiss ». À onze ans, l'amour, c'est plutôt « pas vu, pas pris », c'est-à-dire un peu à la sauvette, en cachette des plus grands. Pour les filles, c'est surtout le charme qu'elles attendent de celui qu'elles aimeront. Les garçons ont souvent des idées très précises de la future élue de leur cœur, une sorte de profil type. Elle devra être brune ou bien blonde, petite ou grande, les yeux bleus ou verts...

L'amour, on y pense, seul et en bande, on en parle. Alors parfois les mots deviennent très crus, sexuels, presque salaces. On s'amuse avec des mots de grands. En vérité, à cet âge-là, on connaît peu de chose et d'en parler parfois un peu crûment permet d'explorer ce nouveau monde.

À douze ans, c'est la même chose. C'est seulement dans le paraître qu'on se débride. Les filles parlent plus facilement de ces choses-là, sans complexes ni manières. « Passer par les copines pour demander à un garçon s'il veut sortir avec toi, c'est lâche », affirme Milena. Parfois, elle avoue qu'avec ses amies elles appellent des copains de collège au téléphone : « "Marc, est-ce que tu aimes Flora ? Parce que tu la regardes tout le temps"... C'était un gros mytho [mensonge]... C'était pour lui parler. »

Les garçons, eux, c'est plus compliqué, moins direct. À cet âge-là, ils parlent à travers des attitudes, « on joue au désinvolte ou à l'insupportable pour se faire remarquer par la fille qui nous plaît ». On parle de l'amour de façon un peu cachée. Mais dans tous les cas : « Si t'es jeté, tu râles, t'es triste la journée, et puis c'est fini… »

À partir de treize ans, on est amoureux de l'idée d'être amoureux. On s'imagine tenant sa dulcinée par la main. Y a pas à dire, être amoureux, ça fait bien. Le premier baiser suscite des réactions contrastées : « C'est dégueulasse, c'est pas

33

romantique ! » lance Christophe. « Un premier baiser, c'est comme un partage », soutient Magda. Embrasser, c'est « emballer » ou « rouler une pelle ». L'amour est plus clinquant. Il sort dans la cour, se montre un peu, fanfaronne parfois. Les filles ont peur qu'ils disent : « Elle ne sait pas embrasser » ou « elle est plate ». Les garçons les plus frimeurs racontent : « Elle embrasse comme un aspirateur » ou « elle n'a pas de nichons ». Mais « quand même, ça fait bien devant les copains d'avoir une fille qui pense à toi ». Sans compter qu'on alimente la conversation de pas mal d'autres copines tout autour. De quoi se faire une belle réputation. Les filles ne sont pas toujours tendres face à ces attitudes, et Claire ne craint pas de clamer : « Les garçons, il faudrait qu'ils arrêtent d'être machos, et les filles de faire croire que…»

Pour le plus grand nombre, le temps du collège et du lycée est celui de la prise de conscience de la sexualité.
Plus de 91 % des collégiennes n'ont jamais eu de rapports sexuels.
Les 9 % restants se répartissent entre une seule fois ou de façon très irrégulière.
Les garçons, en revanche, sont seulement 75 % à n'avoir jamais couché avec une fille.

À partir de quatorze ans, c'est le grand amour. Avec une infinie tendresse pour les filles et pour beaucoup de garçons. Certains l'évoquent du bout des lèvres, avec une certaine pudeur. « Quand tu embrasses une fille sur la bouche, c'est sérieux, c'est plus comme avant », avoue François. Mais, là encore, d'autres sont en quête de l'exploit. À quatorze-quinze ans, si le garçon est mûr physiquement, il cherche en général à « coucher », « pour le faire », genre « être cap' ». Une sorte de performance dont on se vante. Signe extérieur de sa virilité. Mais à ces choses-là, les filles ne sont pas prêtes. Dans la majorité des cas, elles refusent et se sentent trahies. Tiffany avoue qu'en bande les garçons se comportent souvent comme des primates : « Ils friment, exagèrent et mentent devant leurs copains ! »

À quatorze ans, on rencontre de vraies douleurs amoureuses. Mais, pour ces garçons-là, les filles qui ne couchent pas et restent entre copines : « Elles sont lesbiennes. » Et puis il y a aussi les garçons qui se méfient et préfèrent dire que, tant que les filles sont au collège, ce sont des chipies ! Ou Arnaud, qui avoue toujours chercher la femme idéale, celle de ses rêves : « J'arrive pas encore à voir quand je suis amoureux. »

35

B: Blues

Quand on est jeune et qu'on a le blues, c'est d'abord aux amis que l'on s'adresse. Les parents, eux, on leur fait la gueule. Dans la tête, quelque chose a changé. Alors, bouderies, larmes, mal-être, c'est aussi un peu l'histoire de tous les adolescents.

Entre l'enfance et l'âge adulte, on ne sait pas très bien où se situer. Une période d'oscillation, de paradoxes. Quelquefois, c'est le manque d'intérêt pour ce que l'on fait qui nous retranche dans un état pareil. On a le blues. Il faut oser en parler aux adultes, essayer de s'affirmer, de remettre en cause une orientation, par exemple. Faire appel aux adultes, c'est aussi pouvoir discuter d'égal à égal. Oser dire non. Oser franchir cette marche. « Parfois, quand j'ai dit non à mon père pour quelque chose que je ne veux pas faire parce que je ne le juge pas utile, confie Cécile, je me sens plus forte après. Je sens bien que j'affirme ma personnalité. »

À l'adolescence, on ne veut plus être traité en enfant ou, au contraire, on a peur de grandir, comme Mélusine, qui préfère prolonger le temps de sa carapace de petite fille. À l'opposé, Christophe voudrait pouvoir choisir sa voie et en a assez d'être traité comme un bébé. « Parfois, dit-il, j'aurais bien besoin de parler, sans crainte d'être jugé. Parler avec un adulte qui

ne serait pas lâche.
Un qui saurait
écouter mes
vraies envies. »

Le blues, c'est
être mal dans sa
peau. Comme le
homard qui perd
sa coquille, pen-
dant cette période de
transition, le jeune gar-
çon et la jeune fille se
retrouvent dénudés, vulnérables…

Blessé, en manque d'amour ou d'écoute, il arrive
qu'on ait envie de se ficher de tout. Parfois on se
dévalorise : « J'y arrive pas… » ou « je suis nul », ou
c'est un sentiment de culpabilité : « C'est ma faute »
ou « j'ai honte… ».

Le blues, c'est aussi avoir peur de continuer. Pourtant, la vie est là, joyeuse autour de soi, mais on ne
sait pas la voir. Les projets sont là aussi, au bout des
doigts, mais le manque de confiance en soi fait qu'on
ne veut pas les voir.

Comme Tiffany, qui avoue qu'elle a peur des autres :
« Quand il y a du monde, par exemple, j'aime pas
trop. Les gens rigolent et je me sens obligée de faire
pareil, mais je ne sais pas… Je préfère m'enfermer
dans ma chambre et peindre des aquarelles. »

Ce blues, que certains appellent déprime, est difficile à exprimer. Quand tout est trop vide autour de soi et qu'on n'arrive plus à sortir de ce pénible état, on dit qu'on a mal là ou là encore, à la tête, au ventre... continuellement, un peu tous les jours. Ces plaintes font aussi partie du blues. Plaintes diffuses et insomnies rongent au quotidien quelques-uns des onze-quinze ans. Mais ces moments dépressifs, limités dans le temps, peuvent être compris comme une tentative pour obtenir une réponse adéquate de son entourage.

Ces « coups de blues », qui s'installent dans la durée, toute la journée sur deux ou trois semaines par exemple, peuvent parfois se transformer en

dépression. En troisième, cette dépression peut toucher jusqu'à une fille sur quatre et 15 à 20 % de l'ensemble des adolescents.

D'autres chiffres issus d'études sur la santé des adolescents révèlent des pratiques « déviantes » liées au mal-être que vivent certains jeunes. Ainsi, dès l'entrée au collège, quelques-uns consomment de l'alcool. Mais si l'on boit davantage que nos grands frères, on fume moins (environ 5 % des jeunes collégiens). Si le tabac est moins à la mode, le cannabis a encore ses adeptes. Entre la sixième et la troisième, ces chiffres ne cessent d'augmenter, et la poignée en sixième s'est transformée en cinquantaine en troisième.

Là où les garçons préfèrent boire et consommer du cannabis, les filles s'adonnent à la clope. Toutefois les collégiennes d'aujourd'hui fument moins que leurs aînées : environ 13 % des filles de troisième. « J'ai des copines qui fument. Je pense que c'est plutôt une occupation qu'autre chose », explique ainsi Cécile.

Qu'y a-t-il donc de commun à toutes ces drogues ? La dépendance. Une dépendance mentale comme une habitude que l'on prend de fuir au moindre problème. Une sorte d'outil utilisé pour remplacer la parole, les échanges ou la créativité que l'on n'arrive pas à sortir de soi. Jamil se révolte parfois devant l'état de certains de ses copains : « Moi, je leur dis : "Tu peux faire bouger les choses : aide-toi ! " »

39

C: Copains de bande et amis fidèles

Quel bonheur d'appartenir à une tribu, de se reconnaître, d'identifier l'autre comme son semblable ! Le groupe protège de l'extérieur. « On est toute une bande et on adore se retrouver pour sortir ensemble, confie Cécile. Cette vie avec mes copains n'appartient pas à mes parents. C'est mon jardin secret. »

Les autres aident à se construire. Comme le dit Arnaud très justement : « Avec les copains, on se fait grandir mutuellement. » Trouver le même, ça rassure ! On joue au jeu du mensonge et de la vérité. Poser une question à l'autre permet de se trouver, de vérifier une hypothèse, d'affirmer un choix. Cette identification aide le jeune adolescent à se projeter dans l'avenir.

Quand on a onze ou douze ans, on sait bien que l'univers ne se limite pas à l'environnement familial. La classe de sixième, par exemple, est l'année de toutes les découvertes sociales hors du cocon papa-maman. C'est à partir de cet âge clé que les références commencent à se chercher ailleurs. On sait ce que l'on n'est plus, mais on ne sait pas encore ce que l'on est, la bande de copains nous tient lieu de personnalité. Entre onze et quinze ans, on pourrait se comparer à une étoile cachée dans

40

une galaxie. Une sorte de sécurité que l'on ne retrouve plus dans la famille et que l'on va chercher dans la convivialité de la bande.

Des copains, on en a plein. De vrais amis, c'est beaucoup plus rare. Derrière une amitié, il y a une vraie rencontre. « De vrais amis, il ne faut pas en prendre trop, conseille Jamil. Car les copains, ça va, ça vient. Les amis, ça reste. Un vrai, il est calme et on sait s'écouter, on parle si on se sent mal aussi. » « Les copains, c'est bien, mais quand on rencontre un ami, on n'est plus le même », explique encore François, entouré de deux véritables amis, fidèles et sûrs. La véritable amitié, c'est l'école du respect mutuel. Celle qui peut durer commence quand on

peut dire à l'autre : « Tu n'es pas comme moi, sois toi-même, je t'aime différent de moi. » Les yeux des amis sont notre miroir. Un miroir vivant que l'on interroge sans cesse. La véritable amitié donne la force de s'aventurer, de penser loin, de s'engager. Tous les jeunes adolescents le disent : « L'amitié est la chose la plus importante. » Cette confiance investie en l'autre, c'est aussi un peu de soi, de son engagement personnel, offert comme une parole donnée. C'est sa parole d'honneur.

Si la clef de voûte de cette confiance est la fidélité, être trahi par un ami est une vraie souffrance. Les chagrins d'amitié, ça existe, et ils font aussi mal que les chagrins d'amour. À moins que celui que l'on prenait pour un ami ne soit en réalité qu'un copain…

42

D: Droits se conjuguent avec devoirs

« **Je** pense, donc je suis. » Être une personne donne des droits, mais aussi des devoirs, envers soi-même et envers les autres. « Avoir le droit de... » revient comme un leitmotiv dans la bouche des onze-quinze ans. Alors, pourquoi ne pas passer en revue tous les droits que l'on a ? Premièrement, le droit à la vie. C'est inscrit en toutes lettres dans la Convention des droits de l'enfant. Cela veut dire : droit d'exister, de manger à sa faim, d'être soigné. L'État doit garantir à un enfant la sécurité sociale. Ensuite, on a droit à une identité et à être élevé par des parents. Si ce sont des parents de cœur parce que l'enfant est adopté, et non des parents de sang, on a aussi le droit à connaître l'identité du père et de la mère de naissance. Mais attention ! À partir de treize ans, on ne peut plus adopter sans l'autorisation du jeune. À cet âge, on ne peut également plus modifier son prénom et son nom sans son autorisation.

La vie personnelle et familiale est ce que l'on a de plus intime. Les parents en sont responsables, c'est le droit à la protection, mais ils doivent aussi la respecter, tout comme on a le devoir de les respecter. Tout dans la société doit être fait pour

43

qu'un enfant grandisse auprès de ses parents. Mais, s'il est séparé d'eux, la justice doit le protéger. L'enfant est alors confié à l'un de ses proches ou à une famille d'accueil. En cas de divorce ou de séparation des parents, le père et la mère partagent l'autorité parentale. C'est le pouvoir de décision qu'ont les parents sur l'éducation de leurs enfants. Et quand on est enfant de divorcés, on doit pouvoir garder contact avec ses deux parents.

Quand on a entre onze et quinze ans, on a aussi le droit de s'exprimer, en réunion ou en association, à l'école et ailleurs, à condition de ne pas gêner les autres. Par exemple, on peut être élu dans un conseil municipal d'enfants ou de jeunes. L'objectif : s'initier aux règles de la démocratie en devenant acteur de la vie communale.

Un autre des moyens d'expression et d'opinion est l'élection des délégués de classe qui représentent les élèves au conseil de classe, au conseil d'administration et au conseil de discipline. Quand on est collégien, on a aussi le droit de publication de journaux scolaires. Mais au droit des élèves s'affronte le droit de regard du chef d'établissement.

En parlant d'école, on a aussi le droit d'être instruit gratuitement. Une bien belle chance quand on sait combien d'enfants exploités dans le monde n'ont même pas accès à ce droit élémentaire. Dans certains pays, ce sont les filles qui n'ont pas droit à l'instruction. Elles représentent 45 % des effectifs du primaire dans le monde. À partir du collège, elles quittent l'école plus tôt que les garçons et ne représentent plus que 22 % de l'effectif.

Le travail en France pour les moins de seize ans, contrairement à certains pays, est très réglementé. À quinze ans, on peut être embauché en contrat d'apprentissage. À quatorze ans, pour un job pendant la moitié des vacances. Quelques exceptions sont faites pour les enfants d'agriculteurs (treize ans), le spectacle, la mode ou la publicité (sans limites d'âge). Dans tous les cas, le contrat de travail doit comporter la signature des parents.

Enfin, comme tout citoyen, on a droit à la justice. Elle est au service de ceux qui en ont besoin. Mais elle peut aussi punir ceux qui ont enfreint les limites. Avant treize ans, un jeune ne peut pas être condamné. Le juge pour enfants peut prendre des « mesures éducatives », comme la surveillance par des éducateurs ou le placement dans un centre

La loi autorise encore plein d'autres choses

- Ouvrir un compte « jeune » dans une banque à partir de douze ans et un livret de caisse d'épargne. Mais la loi dit aussi qu'on ne peut pas retirer d'argent sans le contrôle des parents avant seize ans.
- Consulter seul un médecin. Obtenir des contraceptifs sur prescription médicale.
- Écrire seul au juge des enfants.

- Se marier à partir de quinze ans si l'on est une fille et si au moins l'un des parents l'autorise.
- Les garçons, eux, doivent attendre la majorité.
- Être élu dans un conseil d'enfants entre neuf et treize ans et un conseil de jeunes entre quatorze et vingt-cinq ans.

46

d'éducation. Entre treize et seize ans, il n'existe pas de détention provisoire, c'est-à-dire pas d'envoi en prison en attendant le procès, sauf en cas de crime. Une condamnation est possible. Si c'est la prison, le jeune adolescent y restera moitié moins qu'un adulte.

E : École : vive le collège !

L'école, pour les onze-quatorze ans, c'est le collège. À quinze ans, on est souvent déjà au lycée. Vous êtes plus de 3 millions à vous rendre tous les matins dans presque 7 000 collèges. Évidemment, vous n'êtes pas tout seul ! Surtout qu'ils sont un peu moins de 180 000 professeurs à vous soutenir quotidiennement dans vos apprentissages.

Quand on demande aux collégiens s'ils sont bien dans leur collège, les filles semblent plus à l'aise dans leurs baskets : l'école leur plaît plus qu'aux garçons. D'ailleurs, ceux-ci redoublent davantage. Et, parmi cette bande d'insatisfaits (il y a toujours des ronchons quelque part), les plus insatisfaits des pas contents sont ceux qui ont déjà séché les cours. Eh oui ! À partir de la sixième, l'école prend un sacré goût de liberté, et cela de plus en plus jusqu'à la troisième ! À l'entrée en sixième, on est encore très respectueux des règles sociales et scolaires, mais il

47

semblerait qu'à la sortie vers le lycée on le soit beaucoup moins. La vie au collège nous apprendrait-elle à gruger? « C'est vrai qu'il faut se débrouiller, chacun sa recette », confie Magda. C'est aussi à partir du collège que papa-maman lâchent souvent un peu de lest. La confiance s'installe. « C'est depuis que je suis en sixième que je me sens plus libre, raconte Milena. Fini, les nounous et autres jeunes filles qui vous collent aux baskets à peine sortie de l'école ! »

Dans l'ensemble, l'image qu'ont les onze-quinze ans de leur école est plutôt positive. D'ailleurs, un bon quart la qualifie de « grande famille ». N'en déplaise à la petite minorité qui compare le collège à l'« usine » ou à un « parc de loisirs ». Seul un tiers de ceux qui sont en sixième rapproche le collège du « parcours d'obstacles », difficultés d'adaptation obligent.

Le plus compliqué à gérer quand on entre en sixième, ce sont les programmes plus chargés, le temps morcelé en plusieurs disciplines et la multitude de profs. Le « saucissonnage des cours... » comme le dit si justement Sylvain. Des professeurs différents, moins présents que l'unique maître du primaire, plus distants, même si la grande majorité est à l'écoute de ses élèves, le prof principal y compris. Cet éclatement des habitudes scolaires peut paraître insurmontable. Pas étonnant que bon nombre soient désorientés et perdent pied, même si,

48

globalement, c'est bien un sentiment de liberté qui prédomine.

Mais cette nouvelle liberté a un coût et Santana confie que, « pour s'intégrer en sixième, il vaut mieux être assez mûr. Quand on entre au collège, on imagine beaucoup de choses, on a peur. Mais ce qui change surtout, ce sont les comportements. » L'insulte d'abord, un peu comme le passage obligé d'une nouvelle façon de communiquer : « bouffon, idiot », « bolos » parfois (proche de bouffon)… Des mots lancés souvent pour rigoler, parfois plus agressifs, comme « meskine » (pauvre type). « Quand je suis arrivé en sixième, les grands de cinquième parlaient de façon différente, il a fallu m'adapter », raconte Sylvain. Ce dépaysement, qu'il soit géo-graphique – déménagement, par exemple – ou

social – perte des anciens copains ou des repères tout simplement –, demande une bonne dose de caractère. Et les onze ans n'en manquent pas. En général, il faut trois mois pour dépasser ces changements et s'adapter. « Le premier trimestre consommé, on est déjà des vieux. » C'est l'attitude tout entière qui change : « On est bien obligé, explique Jules, ne serait-ce que pour répondre cash aux grands qui parfois dans les couloirs nous mettent quelques CP [coups de pression, intimidations], franchement j'ai pas peur, j'en ai vu d'autres… »

Mais c'est en troisième que les enjeux sont les plus importants. « Au bout, y a le lycée », confie Emmanuel, un petit peu inquiet. « La seconde, c'est

Chiffres

Il y a en France 3 305 500 collégiens qui fréquentent plus de 7 000 collèges.
Pour une année, un collégien français coûte environ 7 500 euros. Ce coût a augmenté de 33 % en dix ans.
En moyenne, en France, on reste dix-neuf ans le derrière vissé sur un banc de classe. Pas mal !
À l'entrée en sixième, on est « à l'heure » si on a onze ans, douze ans en cinquième, treize ans en quatrième et quatorze ans à l'entrée en troisième.

50

plus de travail et des jeux d'options pour ne pas se tromper de bac et commencer à bien tracer son avenir professionnel », dit François.

Mais pas de panique ! Cécile et François sont unanimes même s'il y a davantage de travail, c'est quand même au lycée qu'on se sent le plus libre… « Comme si, en achevant sa troisième, on avait prouvé quelque chose aux parents, aux profs et à nous-mêmes… » achève Cécile.

F : Famille :
« Je t'aime, moi non plus »

La famille, c'est tout un poème ! Famille écrasante ou indifférente, famille attentive ou laxiste, famille joyeuse ou en pleine crise… Ce n'est pas toujours la grande vie, mais c'est elle qui nous fait naître et grandir. La famille, c'est plutôt : « Je t'aime, moi non plus. »

L'esprit de famille, c'est aussi une réalité. La famille, on en vient, on y revient, on y va. La famille est dans tous les cœurs et dans tous les esprits. Le moteur de ce que l'on est. D'ailleurs, on en parle énormément. Dans la cour de récré, en vacances, dans son journal intime…

La famille, ça se résume aux parents et aux enfants. À ce duo se greffent souvent les grands-parents, que l'on retrouve dans la maison familiale, celle des parents, des souvenirs d'enfance. Leur maison peut aussi être un point de rencontre lors des vacances, pour Jamil, par exemple, qui navigue entre deux pôles : Salon-de-Provence, chez papi-mamie, et Djerba, en Tunisie, chez mamabouba et papamamoud.

Papi et mamie font souvent le lien entre parents et enfants. Vous êtes nombreux à affirmer que vos grands-parents prennent votre défense face à des parents pas toujours faciles. « C'est parfois tellement difficile de parler avec mes parents, explique Magda, que je suis heureuse d'avoir ma grand-mère à côté de moi qui me soutient. C'est comme si elle, au moins, elle me comprenait. »

La famille, c'est aussi les frangins et les frangines. Souvent complices, parfois source de disputes. « Entre nous, c'est toujours l'amour ou la haine, confie Tiffany. Ce que je n'aime pas, c'est quand Santana répète des secrets à mes parents. J'ai vraiment l'impression qu'elle me trahit. » Parce que ça aussi, c'est un des côtés de la famille : mêler au fil des jours l'amour et la haine, la tendresse et la jalousie. On rêve de ne jamais se quitter et, le lendemain, de fuir le cocon. Jamil explique qu'il est parfois content de s'éloigner de son frère. « Mais, après deux jours de séparation, je m'ennuie déjà de lui. Je réalise combien je l'aime. » Cécile avoue, même si elle dit

52

« adorer » son frère, qu'elle préférerait avoir un peu plus d'indépendance par rapport à lui. « Tous les jours, après la cantine, je vois bien que Sylvain essaie de me voir. Il me suit quand je papote avec des copines. Il faut qu'il perde cette habitude, il doit se débrouiller tout seul. » Au contraire, Lola est très contente que son frère l'ait rejointe, en horaires aménagés musique : « J'ai l'impression de partager quelque chose de fort avec mon frère, quand on est en concert par exemple. Nos discussions portent souvent sur ce qu'on a vécu ensemble… »

« C'est important de connaître ses origines, mais il ne faut pas en tenir compte pour construire sa propre existence », explique Milena. Comme Arnaud, Emmanuel, Julie et Claire, Magda et Sarah, Milena fait partie des enfants de divorcés. Des familles avec un seul parent biologique, des familles recomposées, de nouvelles tribus qui se créent et se défont, il y en a de plus en plus. Des familles puzzles pas toujours faciles à vivre. Avec l'essor de ces galaxies familiales aux enchevêtrements multiples, la notion classique de la famille a volé en éclats. Emmanuel avoue que le divorce de ses parents a été un vrai traumatisme. « Aujourd'hui, je ne me gêne pas pour jouer un peu sur les deux tableaux. » Sans compter ce parent récemment apparu ou ces demi-frères et sœurs ou « quasi » -frères et sœurs qui surgissent dans le quotidien. De nouveaux liens se créent, de nouveaux rôles se dessinent. Quand on a entre onze et quinze ans, il faut arriver à trouver sa place. Arnaud dit que sa sœur et lui sont le seul trait d'union qui existe encore entre leurs parents divorcés depuis presque une dizaine d'années. « Parfois, l'enfant, c'est celui qui devient l'ordre dans le désordre des adultes. » Car depuis l'instauration, en 1997, de l'autorité parentale conjointe en cas de séparation, père et mère, même désunis, sont liés à vie par leurs enfants.

Un enfant sur quatre n'habite pas avec ses deux parents ; ils seraient 2 millions concernés en France.
Un petit Français sur dix vit dans une famille recomposée.
Après une séparation, 63 % des enfants habitent avec leur mère et son nouveau compagnon; 37 % avec leur père et sa nouvelle compagne.

G : Grandir chacun à son rythme

À onze ans, on est encore un enfant ! À quinze ans, on est devenu un adolescent. Quelle aventure ! Trop grand, trop petit, en avance, en retard, qu'importe ! On traverse cette période-là pétri de ces inquiétudes. Parfois les différences avec les jeunes du même âge sont considérables. « J'ai douze ans et on me regarde comme si j'en avais quinze, explique Santana, aux formes déjà très développées. D'ailleurs, je m'ennuie un peu dans ma classe de sixième. Je me sens différente. Je suis plus attirée par des amies plus âgées que moi. » Chacun son rythme. Chacun est unique et commence à grandir à son heure. Milena avoue qu'elle en a assez d'être la plus petite de sa classe : « J'en ai marre d'être appelée microbe et en plus, l'autre jour à la piscine, je n'ai pas pu accéder aux bassins sans un adulte parce que je n'avais pas l'air assez âgée ! » Mélusine, au contraire, avoue préférer son corps d'enfant : « Les seins, les hanches, je ne suis pas prête, ça fait trop femme et ça me fait peur. C'est pour des filles qui sortent avec des garçons. » Car grandir, c'est d'abord le corps qui se transforme à toute allure et pas toujours harmonieusement. Cela devient bien encombrant. « Passer en quelques mois du freluquet au malabar, ou de la gamine à la pin-up, l'espace d'un été, ça crée des secousses », confie François.

55

Les filles et les garçons ont un rythme très différent. La raison de tous ces changements pour les uns et les autres : les hormones sexuelles qui modifient le corps et affectent les humeurs.

La puberté commence plus tôt chez les filles – entre dix et quatorze ans – et dure entre deux et trois ans. Des transformations visibles modèlent le corps qui grandit : les hanches s'élargissent et s'épaississent un peu, les seins poussent, les mamelons deviennent saillants, le visage change de forme, les muscles se renforcent, des poils apparaissent aux aisselles et au pubis, la voix devient plus grave. D'autres changements se produisent à l'intérieur du corps : l'utérus et le vagin grandissent, les ovaires qui libèrent un ovule chaque mois déclenchent les règles, l'humeur change, les sentiments et les émotions débordent parfois de manière inconsidérée. « Quand mes hormones me titillent, explique Lola, j'ai l'impression que la Terre entière m'en veut… »

Tout n'est pas rose pour les garçons non plus, leur corps et leur cerveau leur jouent aussi des tours. Mais ils préfèrent être écorchés vifs plutôt que d'aborder un problème personnel avec un copain : un garçon, ça fait semblant et ça souffre en silence. Chez eux, la puberté débute entre douze et seize ans, et dure environ quatre ans. Ils grandissent, prennent du poids, leurs muscles se développent et le torse et les épaules s'élargissent. Des poils

encore et toujours apparaissent sur le visage, les aisselles, la poitrine et le pubis. Leur pénis et leurs testicules augmentent de volume, la production de sperme commence. Le larynx s'élargit, la voix mue. Elle devient plus grave.

Transformation organique et physiologique, mais aussi psychique : c'est la crise ! Celle de la puberté. Cette puberté qui marque la fin de l'enfance, le passage à l'âge adulte. L'esprit doit s'adapter aux transformations du corps, et ce n'est pas toujours facile de mener les deux de front.

Jamil résume la situation en expliquant que, pour lui, grandir, c'est d'abord montrer qu'on peut le faire. « Oser des trucs de grands. Oser dire non, par exemple, à un ordre des parents. Grandir, c'est aussi ne pas se retourner sur son enfance, et parfois c'est dur. Par exemple, ne pas faire le bébé, ne pas reprendre certains jeux d'enfants. »

Grandir, c'est donc aussi faire le deuil de certaines choses. Les jeux de l'enfance, par exemple. Leslie explique que, quand on a douze ans et qu'on est au collège, il faut essayer d'oublier les jeux des jeunes années. « Même pour la télé, il faut regarder d'autres programmes. Et, d'un autre côté, on veut aller trop vite. » Jamil avoue encore jouer de temps en temps et avec plaisir aux billes avec son frère. « Je gardais certains jouets dans une grosse caisse, maintenant je lui ai tout donné et sans regret. Par exemple, ces deux dernières années, j'aimais jouer à certains jeux avec ma Play, maintenant j'ai laissé tomber. Si on joue aux jeux de quand on était petit, on se trouve un peu hors sujet, comme si on ne voulait pas être en retard et en décalage par rapport aux autres. »

La puberté

La puberté (puberté vient du latin *pubes*, poil), c'est un peu la période de l'éveil du corps : les hormones se déchaînent. Les glandes sexuelles ou gonades sont stimulées et se mettent à fabriquer des hormones sexuelles.
Chez les filles, les ovaires fabriquent des œstrogènes et de la progestérone.
Chez les garçons, à l'intérieur des testicules, les cellules de Leydig produisent la testostérone.
Toutes ces hormones font changer le corps. En plus, quand les hormones sexuelles sont libérées, l'organisme augmente considérablement la fabrication des hormones de croissance : voilà pourquoi on grandit encore plus vite.

58

J: Journal intime, un voyage au fond de soi

Certains en font, d'autres pas. Chacun sa page, chacun son envie au fond de soi. Écrire apaise souvent, fait souffrir d'autres fois. Parfois, vers douze ou treize ans, on commence à écrire un journal. Quelques poèmes jetés sur le papier, quelques phrases qui soulagent sur un cahier. Cahier frais d'écolier, cahier raffiné... Cahier banal qui devient important comme un ami-confident. Riche de choses sans importance, juste des traces de ce que l'on a fait ou de ce que l'on aimerait faire ou dire. « J'ai un cahier pour crier, cracher ma colère », explique Sarah. Un journal intime, c'est un peu tout ça. Une chose où l'on déverse son cœur, ses joies, ses larmes, ses rires et sa rancœur.

« Se lancer dans un journal, c'est presque comme s'engager dans la vie », confie Cécile, qui avoue écrire de temps à autre sur un cahier au joli papier. Mais Cécile ne souhaite pas montrer ce qu'elle écrit, ce qu'elle dit à son journal. « En tout cas, c'est difficile de tenir la route sur la longueur. Écrire tous les jours quelques mots demande beaucoup de rigueur, alors le journal n'est plus un vrai plaisir... Je préfère écrire quand ça me chante. Quand j'en éprouve le besoin. » Le plaisir de se retrouver avec soi… Vous êtes presque un sur dix à écrire un journal intime. En tête à tête. « Plume à cœur », confie Christophe. Comme si le cœur tenait lui-même la plume pour écrire. « L'écriture ramène à soi. Elle me délivre de mes angoisses. » Le silence tout autour, celui, agréable, qu'offre l'écriture. Instant magique que de plonger au fond de soi pour en extirper les phrases qui lavent la tête, nettoient le cœur et pansent les blessures. Écrire un journal, c'est comme un grand bonheur, un grand bol d'air frais !

« Aujourd'hui, jeudi soir, je suis fatiguée de cette adolescence qui n'en finit pas. Je sens bien que ce truc, c'est un peu comme une seconde naissance. Ça bouge en moi. Rien n'est plus comme

avant. Je me sens incomprise, parfois un peu mise
à l'écart. Enfermée dans ce corps... Mais pourquoi
au juste! Mes seins qui grossissent et des poils
partout qui poussent sous les bras et ailleurs... Et
les jambes... Catastrophe! La forêt vierge. Autant
être cul-de-jatte. D'ailleurs, je ne porte plus que
des pantalons. Mais, pour te fiche le moral à zéro,
y a pas mieux. Adieu, mon jean complice de
l'année dernière. Mes hanches ne veulent plus que
je me glisse en toi. C'est pas marrant. Maman me
dit que bientôt j'aurai les règles. « Alors tu seras
devenue une vraie petite femme.» Bon, ben
alors!... Chais pas si j'ai vraiment envie. Mais c'est
comme ça. C'est programmé. Y a rien à faire. Il
faut que j'accepte! Il faut que j'accepte! Il faut que
j'accepte!... Bonsoir cahier.»

CLAIRE, treize ans,
extrait de journal intime

«Ils se mêlent de tout, mes parents-mêle-tout.
Des amitiés, des copains, du collège. Et alors!
C'est vrai, c'est pas tous les jours brillant. J'en ai
marre d'être parqué dans ce collège de curés. Et
puis moi au milieu... perdu, enfermé. Je me sens
tellement inutile... Y a que toi qui me comprends,
mon fidèle et muet confident. Chut! on vient...

Fausse alerte. Je reprends. Oui, y a que toi qui
m'écoutes et me comprends. Si y a que toi, y a que
moi. Serais-je le seul à me comprendre? Où est la
solution, si toi = moi? Elle est là, en moi. Tant pis
pour moi».

CHRISTOPHE, treize ans et demi,
extrait de journal intime

K : « Kiffer my life »

Entre onze et quinze ans, on parle comme
défilent les images : vite, par
instantané, avec des mots qui illustrent bien la
pensée. C'est au collège qu'on apprend à « jazzer »
de la sorte : à savoir parler « cash ». Un peu comme
une deuxième langue sans option, et obligatoire.
« Au début, ça gêne un peu, on n'ose pas, c'est avec
pudeur qu'on parle cette langue différente entre la
récré et le cours, explique timidement Sylvain.
Parfois, ça nous échappe en classe, "t'es un
bouffon", c'est tout… Ça ne va jamais plus loin. »
« Dans la cour, c'est différent, c'est carrément une
autre langue », avoue Jamil. « C'est vrai qu'il y a
vraiment deux langages entre la maison et le collège,
les adultes et nous, ajoute Tiffany. Devant mes parents,
ça ne me viendrait même pas à l'idée de parler comme
ça. » « À l'extérieur, ce n'est plus pareil », confirme
Magda. « C'est naturel, quoi. Un signe de

reconnaissance. C'est entre nous… mais c'est pas qu'au collège, c'est aussi en primaire… enfin, dans les écoles normales… », insiste Jules, un peu gêné. Savoir « tchatcher », c'est important. « Bien sûr, certains continuent le "parler bourge", moi je préfère le "parler tchatche" », déclare Milena. « C'est comme si on était bilingue ! », résume Arnaud.

Parler ainsi, c'est se reconnaître de l'extérieur. Un signe d'appartenance à la même tribu. Et se grouper en tribu, c'est aussi pour se protéger de quelque chose d'extérieur. Les pré-ados, comme leurs aînés, veulent mettre de la distance avec les adultes : alors ils tripotent leur français, torturent les mots. Une recette de fabrication qui ne vient pas de « portenawaque » mais du savant dosage de trois ingrédients : le verlan (et sa variante, le verlan « verlanisé »), les anglicismes (les mots inspirés de l'anglais) et les « tics », avec économie de mots très tendances (« trop » « giga », « méga »). Et y a pas que la « caillera » qui parle ainsi ! Du plus sage au plus déluré, le peuple jeune file le train au *Petit Larousse*.

Alors, à vos magnétos ! Voici quelques bribes de conversations. Attention ! ne pensez pas garder votre bande trop longtemps. Car ce langage-là est vivant. Il bouge et se transforme au rythme de la rue !

Aujourd'hui, le mot « femme », devenu « meuf », est revenu à son point de départ « feume ». À « meure », le verlan de « reum » du verlan « mère », on préfère aujourd'hui « daronne ». Exemple : « Mon daron et ma daronne me vénèrent trop, y me tiennent Alcatraz ! » Comprenez : « Mon père et ma mère m'énervent énormément, ils me privent de sortie. » Quand « tu me vénère vegra », c'est que « tu m'énerves grave ». « Ce keum-là y me calcule plus… [Ce mec-là, il m'ignore]. Pourtant, je le "kiffe" trop… [je l'aime bien], mais c'est "asmeuk"… [c'est comme ça]. Je lui ai pondu un "mytho" sur ma "daronne", c'est "vinche" [Je lui ai menti sur ma mère, c'est nul], et il a pas "bégo" [il n'a pas avalé]. J'm'en ouf, j'vai le "pécho" [je m'en fiche, je vais l'attraper]. Et d'abord c'est un "meskine" [c'est un pauvre type]. »

Au sujet de la mode : « Ta coupe, c'est "zéro veuch" [Ta coupe de cheveux, c'est la boule à zéro]. Je "kiffe vegra" ton slim [J'aime trop ton slim – type de pantalon]. Cette meuf est "overstaïle" [ringarde]. » Faire « style » ou « staïle » signifie s'habiller comme une gourde.

Sur l'humeur : « Je suis super "upset" [en colère], je préfère rester "alone" [solitaire]. » « Chuis "goutdé", mon "daron", il a mis un cadenas à la télé [Je suis dégoûté, mon père m'interdit de regarder la télé]. »

À propos des profs : « C'est un "poucave" [une balance, un informateur] » et des profs, y en a des

— Nous, les 11-15 ans —

« nullaches » [nuls à chier] et des « snacs » [super-nuls à chier] mais y en a aussi qu'« on kiffe trop » [qu'on aime bien]. « C'est trop de la balle ! » [c'est génial].

L : Loisir résonne avec liberté

Fraîchement octroyée avec l'entrée au collège, la liberté est ce que l'on revendique le plus entre onze et quinze ans. Cette liberté rime avec temps libre. Une sorte de rééquilibrage face au temps contraignant de l'école. Car le travail scolaire est loin d'être synonyme de loisir. Non ! Quand on parle loisir, on pense « ne rien faire » ou, aux antipodes, avoir une foule d'activités.

Deux types de loisirs s'opposent : les activités culturelles – ceux qui jouent d'un instrument de musique ou pratiquent un art ou lisent beaucoup – et les activités plus ludiques – les balades à scooter, les salles de jeux, le sport… Seule une toute petite minorité ne fait strictement rien. Au contraire, chez les onze-quinze ans on a tendance à cumuler plusieurs activités. Celles qu'on préfère : écouter de la musique en « alone » (seul) ou en groupe « pour partager des bons moments », et regarder la télévision. 63 % des collégiens restent vissés à leurs chaussons pour engloutir une dizaine d'heures en moyenne par semaine de petite lucarne. Après le sommeil et l'école, c'est sans conteste l'activité qui occupe le plus de temps.

Et comme, aujourd'hui, chacun bénéficie de plus d'équipement « à soi », les onze-quinze ans développent une « culture de chambre ». Et c'est donc dans sa chambre qu'on va inviter les amis. Car la première de toutes les activités est le temps passé avec les copains. Entre onze et quinze ans, on aime bien « faire ensemble ». Cela peut se décliner en shopping et en heures au téléphone pour les filles, en temps passé devant la console pour les garçons.

Filles et garçons n'ont pas la même manière d'occuper ce temps libre. Les garçons privilégient le jeu, quand les filles préfèrent forcer sur la matière grise. Les trois quarts des garçons pratiquent un ou plusieurs sports et jouent à des jeux vidéo, là où seulement une fille sur deux pratique un sport et une sur quatre joue à des jeux vidéo. Les filles préfèrent lire et aller au cinéma.

Toutefois, les activités sportives, que l'on soit fille ou garçon, font toujours autant recette. « On kiffe trop » et toujours en tribu. Car, après la téloche, c'est le sport. Sports collectifs et individuels, les deux réunis occupent plus de 60 % d'entre vous. Foot et tennis

66

ont le vent en poupe. Jamil, Cécile, Sylvain, Arnaud et Christophe ont plusieurs années de tennis derrière eux. Jamil espère même être classé à partir de l'âge de quinze ans. Les filles, c'est handball, volley-ball, mais aussi danse et piscine. Sarah, par exemple, pratique la natation depuis presque six ans. L'ordinateur, avec navigation sur la Toile obligatoire, des sites de musique avec téléchargement indispensable sur son MP3 aux sites de jeux, engloutit lui aussi une bonne partie de leur temps libre.

Quant à la parlote entre amis pour refaire le monde, plus on tend vers le lycée et plus on adore. L'outil indispensable à cette refonte du quotidien : le téléphone portable. Toujours à portée de main et

Après le Quadriband et le Wee-Phone
Découvre
LE "TÉLÉPHONE"

souvent greffé à l'oreille à partir de 18 heures. Ce qu'on préfère par-dessus tout, c'est s'envoyer des SMS. Cécile ne cache pas sa jubilation d'être réveillée en pleine nuit par son mobile qui vibre pour lui annoncer un message sans risque d'interception par un tiers. Sarah explique : « On peut se raconter des "potins", des mensonges, exprimer des mots doux qu'on n'arriverait pas à formuler à l'oral. » Dire des choses sans importance, c'est aussi ce qui plaît quand il s'agit de communiquer par MSN depuis son ordinateur. Là encore, après une journée passée ensemble, quel plaisir de s'écrire des banalités et de se raconter des trucs qu'on sait déjà en langage MSN ! Les kiss (bisous) et autre jtdr (je t'adore) ou mici (merci) pr (pour) les jtm (je t'aime)... oki (ok) lol (je rigole) ou ptdr (pété de rire) ou exdr (explosé de rire) ou encore tdr (tordu de rire)... l'essentiel étant d'être ac (avec) ti (toi)...

« C'est vrai que le soir, on n'a plus trop de temps, regrette Lola. Entre les devoirs et la converse avec les copines... et en plus les parents qui veulent parler... »

68

Le temps des vacances est aussi un grand espace de loisirs. Mais les vacances, c'est avant tout une question d'argent. Plus on est aisé, et plus on a de chances de partir. Pour les ados, les vacances, c'est avant tout être avec des copains, se faire des amis et de préférence près de l'eau. L'idéal, bien sûr, pour encore un peu plus de liberté : partir en vacances les poches pleines. Au fait, qu'en est-il exactement de votre argent de poche ? En moyenne, les onze-quinze ans touchent entre 20 et 30 euros par mois. Les filles disposent d'environ 16 euros par mois, alors que les garçons ont près de 23 euros. Plus pour les garçons que les filles ? Quelle injustice ! Mais environ un tiers des jeunes n'ont aucun argent de poche… Par exemple, en région parisienne, vous êtes 27 % à avoir les poches vides. Ça aussi c'est injuste !

Cet argent sort d'abord de la poche des parents (pour plus de 50 %). Ensuite, ce sont les autres membres de la famille – grands-parents, oncles, tantes… – qui mettent la main au porte-monnaie. Parfois, quelques petits jobs permettent aussi de renflouer les caisses. Quant aux économies, les ados sont de vrais écureuils. La petite enveloppe de grand-mère pour l'anniversaire ou celle de marraine pour les étrennes vont souvent remplir des comptes d'épargne. Selon La Poste, 3,4 millions de jeunes de moins de dix-huit ans posséderaient un livret A avec un montant moyen de 600 euros. Pas mal !

69

M : Musique, à chacun son genre

La musique est au cœur de l'activité quotidienne des jeunes. Elle est source de plaisir, de divertissement, d'évasion. « Ce que j'aime par-dessus tout, confie Jules, c'est m'enfermer dans ma chambre et mettre la musique à fond. Là, je décolle… »

Qu'on l'écoute alone (seul) dans sa chambre ou avec les copains, avec les frangins, la musique des onze-quinze ans a plusieurs visages. À chacun ses goûts. Mais choisir sa musique, c'est avant tout se démarquer de ses parents. La nouveauté sans cesse renouvelée des styles crée une séparation entre les

générations. « Vu le goût de mon père et ma mère, s'esclaffe François, je préfère attendre qu'ils soient absents pour m'éclater sur ce que j'aime. » Ce qui fait kiffer par-dessus tout, c'est passer des heures devant les chaînes musicales. Car la musique, c'est du son, que l'on écoute encore sur des chaînes hi-fi ou à la radio dans sa chambre, mais c'est aussi des images...

Ce son et ces images, outre la télé, on va les chercher sur Internet. Toujours en quête de nouveautés, on fouille dans l'immense offre de styles et de genres musicaux du Net. La perle rare dégottée, on va jouer les pirates et télécharger les fichiers sur son MP3. Bien sûr, tout ceci est illégal. Mais... « Comment résister ? s'interroge Arnaud. Je sais que c'est illégal ! Mais c'est comme si dans la rue on trouvait un billet de 10 euros et qu'on ne se baissait pas pour le ramasser... C'est impossible ! » « On n'empêchera jamais la circulation gratuite de la musique sur Internet, s'exclame Cécile, même si certains ont été condamnés à titre d'exemple. Ce qu'il faudrait, c'est trouver une solution à la source... que les chanteurs soient tout de même payés. »

Mais au fait, qu'aiment-ils donc comme musique, si différente de celle de ces ringards de parents, les onze-quinze ans ? Pas facile de s'y retrouver. Sans citer des groupes ou des chanteurs particuliers, ce sont plutôt des genres musicaux qui reviennent

71

souvent dans les oreilles. Des genres tous plus ou moins nés du rock. Alors, finalement, pas aussi ringards que cela, les parents ! Les courants musicaux d'aujourd'hui sont tous issus du rock, avec de multiples variantes : alternatif, rock indépendant, hard rock... D'ailleurs, certains de nos onze-quinze ans expliquent aimer ACDC ou Police... « C'est les disques de papa », avoue Emmanuel.

Voici quelques mouvements qui trouvent actuellement une grande écoute chez les onze-quinze ans :

L'indémodable rap, bien sûr. Mais avec les années, il a fait des petits, il a étiré ses branches pour donner le R&B, le hip-hop, le groove... Tous ces mouvements sont issus des mêmes tendances, des mêmes quartiers... Des rappeurs et leurs petits frères, il y en a dans le monde entier qui « tchatchent » et grattent leurs platines, « scratchent », « mixent » et « breakent » ; chez les onze-quinze ans, ils ont fait des adeptes.

Rappeur, on ne l'est pas seulement en écoutant, on l'est aussi par sa dégaine. C'est une mode, une façon de porter son « baggy » et sa capuche rabattue sur les yeux, une attitude décontractée... Pour les filles, c'est souvent très démonstratif, très sexy, presque allumeur. Mais le rap, ce sont aussi des paroles porteuses de sens et d'engagement politique... Car, chez les onze-quinze ans, on n'adhère pas seulement pour le look mais aussi parce qu'il y a un message. On aime Kamini, Akon…

Le rock metal grunge punk. Le plus célèbre groupe est en ce moment Tokio Hotel… une formation allemande tellement appréciée des jeunes Français qu'il donne envie aux onze-quinze ans de parler l'allemand…Dans les collèges, les profs germanistes se frottent les mains…

La pop music anglophone, avec des incontournables comme Madonna… qui ne vieillissent jamais, ou la « bonne vieille scène française », porteuse d'une nouvelle génération de chanteurs qui font vibrer les onze-quinze ans, autant par le look vestimentaire que par l'attitude et les textes parfois sucrés mais souvent engagés.

L'electro clubbing techno, avec Sinclar, David Guetta ou Moby comme DJ. Une nouvelle génération d'artistes qui proposent souvent des « remixes » de musiques d'autres artistes sur un son électro-acoustique, plus proche de la voix des robots que de celle des humains…

Encore trop jeunes pour participer aux « raves » comme leurs aînés, les onze-quinze ans écoutent et se déchaînent sur la techno. Injustement qualifiée de « boum-boum pour ados écervelés », la techno est un ensemble de musiques électroniques aux rythmes futuristes, truffées de nouveaux instruments. Elle est issue de l'acid house, une sorte de disco minimaliste aux accents anglo-saxons. Un son house (mélange de musique afro-américaine et de sonorités électroniques), sur lequel il est extrêmement recommandé de gigoter tous ensemble comme des haricots sauteurs. « La techno, pour pouvoir la comprendre, il faut s'y abandonner, explique Sarah. Sinon, ceux qui restent en retrait ont vraiment l'impression d'avoir un marteau-piqueur qui leur rentre dans la tête. »

À ce mouvement, on peut ajouter les grands classiques, comme la dance music qui fait toujours recette. C'est la musique issue du disco des années 1980, à ne pas confondre avec l'intelligent dance music ou braindance, branche électronique de la dance…

N: Nous, les onze-quinze ans

Ce qui est sûr, c'est que les onze-quinze ans sont tous plus passionnants les uns que les autres. Chaque fois qu'on rencontre l'un d'entre eux, on se trouve confronté à un « âge entre deux âges », comme le dit si joliment Jamil, treize ans. Plus tout à fait des enfants, pas vraiment des grands, certains ados, d'autres préadolescents.

● À onze ans, on se dit encore « enfant ». On regarde ceux de quatorze comme des ados. Ils sont plus grands et osent ce que l'on n'imaginerait même pas : piercing, maquillage, tenues sexy pour les filles, défis et prises de risques pour les garçons. On aurait parfois préféré rester dans l'ambiance du primaire.

● Les douze ans, comme leurs cadets, se laissent encore un peu bercer, d'un côté par papa-maman-grand-mère, de l'autre par ces diables d'adolescents… C'est un peu la tempête en soi : même si, de l'extérieur, on est plus proche des onze ans, à l'intérieur quelque chose bouillonne. Deux images s'affrontent : enfance contre adolescence. Alors, pour l'humeur, c'est pas toujours ça : « Je passe du câlin à fiche-moi la paix sans savoir pourquoi », avoue Milena.

● À treize ans, on a vraiment l'impression d'un flottement. On s'interdit absolument les jeux de l'enfance. « On préfère être grand. » Et si on se trouve pris entre deux âges, on choisira toujours d'aller avec

75

les plus vieux. D'ailleurs, certains ont franchi le pas et agissent déjà comme leurs aînés. On tombe amoureux et, avec les premières transformations du corps, c'est l'humeur qui fiche le camp. À la maison, rien ne va plus, on vit ses premières grandes oppositions.

● À quatorze ans, on regarde plutôt du côté des quinze ans, modèles, guides, on aime leur ressembler. Ils sont si près que parfois ils nous acceptent dans leur cercle… D'ailleurs, pourquoi se traîner cette sœur ou ce frère encombrant, à peine moins âgé ? On ne veut plus lui ressembler. Certains affirment : « Oui, à quatorze ans, je suis ado ! » À quinze ans, c'est fini… on est un jeune ! « Ado ! C'est mon petit frère ! », s'esclaffe Sarah.

N'en déplaise aux spécialistes, dans la bouche des onze-quinze ans, l'adolescence ne durerait qu'un an ! À moins que ce ne soit ce drôle de mot qui ne convienne pas à ceux qui, après tout, le vivent de l'intérieur.

le macareux huppé, magnifique oiseau des mers de la race des Alcidés"

…fait quelques pas maladroits sous le regard bienveillant de ses semblables…

SNIF !

P : Parents, je vous hai-me

D'abord, un conseil : les parents sont fragiles, faut pas les bousculer ! Il faut les préparer psy-cho-lo-gi-que-ment. Qu'ils soient parents alliés ou parents démissionnaires, les parents, c'est comme les enfants, ça s'éduque. Imaginez ! Un jour, ils se retournent et voient leur bébé qui a grandi tout d'un coup. Si vite, en dix ans, qu'ils ne se sont aperçus de rien. Parce que, comme le chuchote Arnaud : « Nous, on grandit, les parents, ça rétrécit un peu. »

Mais des adultes qui essaient de faire de leur mieux, ça existe… D'abord, les parents ont la mission d'éduquer leurs enfants. La loi appelle cette responsabilité : autorité parentale. « Avec mon père,

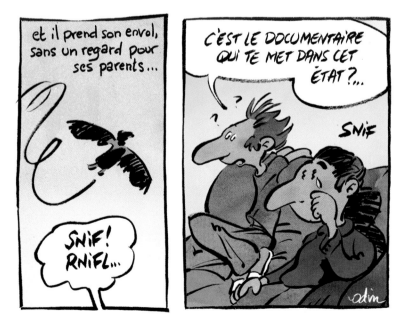

on a passé un contrat des choses à ne pas faire, continue Arnaud. Il me fait confiance, j'ai des libertés. Si je n'obéis pas, je suis privé de sortie, d'ordinateur, etc. »

Mais tout le monde ne fonctionne pas sur ce registre fondé sur la confiance. Christophe, par exemple, n'accepte pas que ses parents puissent programmer sa vie et lui fassent la morale. « Mes parents ont dû oublier quand ils avaient mon âge. Ils m'énervent trop avec leur arrogance de celui qui sait tout, même ce qu'il ne sait pas. Comme si cela ne suffisait pas, il faut qu'ils rajoutent à mes problèmes. »

Souvent, c'est pour cela que, avec les parents, c'est pas toujours ça. Pourtant, avant, tout allait à peu près bien. Aujourd'hui, c'est difficile. Mais, rassurons-nous, on a toujours une tonne de choses à reprocher à ses parents. Car, entre onze et quinze ans, le

regard que l'on porte sur son père ou sur sa mère change. On a parfois honte de ses parents. Face à cet adulte parent naît un autre adulte. La confrontation n'est pas simple. Il faut trouver de nouveaux repères sur cet échiquier où jusqu'alors chacun avait sa fonction.

S'affirmer dans sa famille, c'est montrer que l'on existe en tant qu'individu responsable de soi. « Mes parents n'ont aucun respect pour moi, affirme Christophe. J'ai surpris ma mère en train de fouiller dans mes affaires. Ils entrent dans ma chambre sans frapper. C'est comme s'ils ne me considéraient pas. »
S'affirmer dans sa famille, c'est se sentir unique et refuser de se fondre systématiquement dans le fonctionnement familial. C'est avoir d'autres opinions que celles des parents. « Ils n'acceptent pas que je change », enrage Santana.
Et être parent, justement, c'est aussi accepter que tout change dans la vie. Être jeune adolescent, c'est se fabriquer un nouvel équilibre, une nouvelle personnalité. Souvent, cette seconde naissance est très douloureuse. Des parents qui ne veulent pas voir cet enfant qui a grandi, il y en a des tas... On peut déjà essayer de comprendre. Voir son enfant à l'orée de l'âge adulte, c'est, pour les parents, prendre conscience du temps qui passe, de la page qui se tourne, de l'âge qui avance.

79

L'adolescence est tellement chargée en émotions, liées à des transformations et à des réajustements divers, que souvent les mots ne sont pas assez forts pour expliquer cette période de la vie. Beaucoup d'adultes donnent l'impression d'avoir oublié ce moment-là. C'est aussi ce que ressent Magda : « Entre mes parents et moi, c'est pas souvent l'entente géniale : ils trouvent que je suis rebelle. Mais ils n'essaient jamais de me comprendre, alors qu'ils savent qu'ils n'étaient pas mieux que moi quand ils étaient jeunes. Ils prétendent que, de leur temps, les jeunes étaient bien élevés... Bref, ils ne faisaient jamais d'erreurs. C'est fou ce qu'ils oublient vite !»

Entre onze et quinze ans, c'est aussi un changement dans l'autorité parentale. Elle ne peut plus s'appliquer comme auparavant. Des mots qui ne passent plus. Des attitudes difficiles à encaisser. Claire peste contre des réflexions qu'elle n'accepte plus : « Papa me gronde encore comme une petite fille. C'est insupportable. »

Surtout que les tensions et les disputes ne manquent pas à la maison. La vie de tous les jours en est truffée. Mais pas de panique ! Ces minidrames quotidiens ne sont pas le signe d'un manque d'amour. Pourtant, du haut de ses treize ou quatorze ans, on peut l'interpréter de cette manière. Comme Sarah qui, un jour, a claqué la porte. « J'ai fugué pour voir si mes parents m'aimaient vraiment. Je voulais attirer leur attention. Je voulais

aussi mesurer leur amour vis-à-vis de moi. Ma mère, d'un côté, mon père, de l'autre, n'ont jamais le temps. C'est comme si on jouait tout le temps à se chercher les uns et les autres en se ratant à chaque fois. On n'arrive plus à communiquer. Ma mère n'est pas capable de deviner que j'ai envie de parler avec elle. D'ailleurs, sur quoi engager la conversation ? J'ai besoin d'elle et, à la fois, elle m'agace. »

Pour se construire petit à petit cette future image d'adulte, on a besoin de celle de ses parents. Alors, comment faire pour vivre avec un père et une mère qu'on a de plus en plus de mal à supporter ?
La solution n'est-elle pas dans cette phrase, digne d'un philosophe, que nous donne François : « Avec ce que je vois autour de moi de mes copains et mes copines, je dirais que je m'entends plutôt bien avec mes parents. On ne peut pas dire que chaque enfant

soit venu au monde avec un guide à l'usage des parents, un manuel pour qu'enfants et parents se comprennent mieux. Mais faut faire avec... »

Q : Quotidien entre famille, collège et copains

Entre onze et quinze ans, le quotidien s'articule essentiellement autour de trois lieux de vie : la famille, l'école, les copains. L'adolescent circule d'un pôle à l'autre avec plus ou moins d'autonomie. À onze, douze et treize ans, même si pas mal de choses ont changé avec l'entrée en sixième, l'autonomie n'est pas la même à la ville et à la campagne. La différence essentielle : les moyens de transport.

C'est le collège qui trace l'emploi du temps et donne le rythme de la semaine. En moyenne, un collégien met vingt minutes tous les matins pour se rendre à son établissement scolaire.

Mais, dans certains coins isolés de campagne, se rendre à l'école quotidiennement peut relever du parcours du combattant.

Mélusine, qui vit au cœur des terres de Dordogne et dont les deux parents travaillent, se lève tous les matins à 6 heures. À 7 heures 15, elle est déjà chez sa grand-mère, à la ville voisine, pour attendre le bus qui l'emmène au collège pour 8 heures. Le soir, ce n'est pas avant 20 heures 30 qu'elle rentre chez elle. « Le rythme est très dur, explique-t-elle. C'est aussi pour cela que je regrette l'école primaire. Les horaires étaient plus cool. »

Sylvain, aussi en sixième dans une ville de province, n'a pas le même rythme. « Je suis à dix minutes du collège en voiture, et comme ma mère est prof au lycée d'à côté, j'avoue que c'est plutôt pratique. »

À la campagne, que l'on soit lève-tôt ou non, quand on a entre onze et quinze ans, le point commun est la dépendance vis-à-vis des adultes. On a besoin de papa-maman-papi-mamie… pour se rendre à l'école, à l'arrêt de bus, au sport du mercredi, à la musique du jeudi soir, etc.

83

La France est peuplée de 63 500 000 individus.

Vous êtes 3 630 500 entre onze
et quinze ans,
et représentez 5,7 % de la
population.
734 300 à avoir onze ans.
729 600 à avoir douze ans.
711 000 à avoir treize ans.
711 600 à avoir quatorze ans.
743 700 à avoir quinze ans.

39 % des jeunes vivent en ville.
25 % en banlieue.
36 % à la campagne.

C'est à partir de quatorze ans que les choses changent. « Quand on habite à la campagne, le scoot, c'est la liberté ! Encore faut-il que les parents fassent confiance », explique François. Depuis plus d'un an, François circule seul entre ses différents points d'activité, collège, foot, billard, copains…

Au cœur de Paris, Milena explique que, malgré son jeune âge, elle se sent très libre. « Ma mère me fait confiance, dit-elle. À douze ans, elle ne va pas payer une nounou pour se coller à mes baskets. » Milena est très autonome. Les seuls passages obligés sont un ou deux coups de fil qui ponctuent sa journée : « Juste pour informer ma mère si je suis bien arrivée à la maison ou chez une copine… »

Ce qui est sûr, c'est que le collégien en général est plutôt un lève-tôt. Malgré cela, il dort en moyenne

neuf heures par nuit. Dans la foulée, il déclare souvent bien dormir, pourtant un sur deux avoue avoir des troubles du sommeil et se réveiller fatigué. À l'hygiène du sommeil s'ajoute une assez bonne hygiène alimentaire. Environ 90 % des ados disent déjeuner et dîner quotidiennement. Seuls les petits déjeuners sont souvent squeezés. Surtout chez les filles. Le repas, même si seulement un quart des collégiens dit prendre du plaisir à manger, n'est pas réduit à la simple consommation alimentaire : « C'est aussi un moment où toute la famille peut être réunie », explique Cécile.

Car aujourd'hui, tout le monde court dans tous les sens, parents, enfants… Du réveil au coucher, tout le monde s'agite et se croise entre les différents lieux de vie. Vous avez dit métro, boulot, dodo… Les onze-quinze ans en connaissent un rayon et, pour faire le lien avec tous les ingrédients de la journée, l'élément essentiel est bien sûr le portable. Depuis ces dernières années, il a révolutionné l'organisation familiale. Pour les parents, il est un peu comme un médicament qui rassure. Il permet de se déculpabiliser tout en assurant le suivi éducatif des enfants à distance. Un contrôle permanent, un fil rouge à la patte, que nos onze-quinze ans ont accepté en l'ayant retourné à leur avantage puisqu'il fait désormais partie de la panoplie obligée du collégien branché. Un outil qui semble indispensable à la bonne marche du quotidien.

T : Télé en séries

Quand on dit télé, on dit clips, bien sûr, mais avant tout séries télévisées. Car la télé, c'est surtout en « séries » qu'on la consomme.

La série se consomme en solitaire ou en bande, en famille, souvent accompagné d'un plateau-repas. Celle qui a marqué la majorité des plus vieux de nos onze-quinze ans est *Friends*. François explique : « Six supercopains qui-ont-des-problèmes-comme-nous-autres-les-jeunes… c'est facile de s'y laisser prendre. » Dans *Friends*, on rêve d'amour, de baisers romantiques où l'on se tient la main. Des embrouilles de mecs et de filles. Des situations où les garçons n'osent pas faire des avances aux filles et où les filles

ne parlent entre elles que de garçons sans s'en approcher véritablement. « Comme dans la vraie vie, quoi ! assure Lola. Même si on sait que c'est pas vraiment ça, que c'est romancé. »

Car c'est bien ça qui fait la recette réussie des séries à succès : la vie comme dans la vraie vie avec des aventures et du rêve en plus. Peu d'histoires d'argent... mais beaucoup de conflits entre les personnages. Des jeunes incompris, des adultes bornés et de grands sujets bateaux qui finalement nous préoccupent au quotidien, et ceci sur la planète entière... « Parfois, on a l'impression que d'être américain ou australien, français ou anglais, il n'y a pas de différence. Finalement, on est tous pareils. À croire qu'on a tous les mêmes préoccupations d'un bout à l'autre de la planète », critique, un peu amère, Cécile.

Friends, c'est dix ans de tournage, neuf saisons ininterrompues... et aujourd'hui des centaines d'heures en DVD que l'on s'arrache avec autant d'engouement qu'au premier jour.

Car même si une série n'est plus diffusée, il reste les collections de DVD qui s'entassent en bout de gondole dans les magasins de disques. Mais c'est surtout sur le câble et sur le satellite que l'on peut faire son plein d'images en « séries ». D'ailleurs, vous êtes plusieurs centaines de milliers sur Canal Jimmy, RTL 9 Série Club, Téva, Comédie !, 13e Rue, à

87

légitimer ces sitcoms avant qu'on ne les projette sur les chaînes grand public.

Quelques titres en vrac, particulièrement prisés des onze-quinze ans :

Prison Break : un héros des temps modernes qui se fait incarcérer pour sauver son frère inculpé de meurtre... Serait-ce une erreur judiciaire ?

Charmed : ensorcellement *number one* pour nos onze-quinze ans et tout particulièrement les filles. Trois jolies sorcières qui manient la magie, l'humour et la beauté de cœur et de corps. Des tonnes de fans à travers le monde, comme pour deux autres titres de séries estampillées « teenagers » : *Smallville* et *Buffy*.

Lost, les disparus : bientôt la saison quatre... Attention, série pas toujours autorisée aux moins de douze ans...

Hannah Montana : quand on a quatorze ans et qu'on est la cible des *pom pom girls* et des *fashion victims* en tout genre, on peut dire que le collège devient vite l'enfer... Des barres de rire ; pour le moment, deux saisons.

Le Destin de Lisa : déjà la deuxième saison de cette pauvre Lisa qui enchaîne les situations les plus catastrophiques...

Veronica Mars : sous des airs de comédie adolescente, la série s'attaque à des thèmes difficiles, la confiance en soi, le viol, les prises de responsabilités...

88

Newport Beach : la série « teenagers » par excellence. Des acteurs sortis d'un catalogue, des rapports humains aux histoires acidulées mélangeant amours et trahisons sous le soleil de la Californie.

Un, Dos, Tres : une série de qualité qui nous vient d'Espagne (ça change)… Quand la fiction rejoint la réalité dans une école d'art. Problèmes d'argent, de cœur, soucis et rapports humains. Tout y est.

7 à la maison : un endroit où il fait bon vivre et où on partage les aléas de la vie de cette famille américaine.

Weeds : deux saisons décapantes qui font très mal aux zygomatiques. On se marre, c'est sûr, sur un fond de Desperate Housewives.

South Park : dessin animé que l'on pourrait croire destiné aux plus jeunes, mais, dans cette petite ville du Colorado, il se passe beaucoup de choses à prendre au quatrième degré. Mais où est donc passé Keny ? Ils l'ont encore eu…

Et si vos parents vous font la tête parce que vous engloutissez des heures de séries, invitez-les donc à regarder *Desperate Housewives*. Il n'y a pas mieux pour partager un moment sympa avec ses ancêtres de parents.

U : Utopie
se conjugue avec avenir

Les onze-quinze ans, c'est l'espoir sur pattes. Du pur, du dur comme fer, celui en l'avenir. Notre avenir. Dans les sondages, ce qui vient en tête est la recherche du bonheur personnel. Un état souvent résumé par la rencontre d'une « personne qu'on aime » et « faire des choses qu'on aime ». Petit ou grand bonheur, derrière chaque rencontre avec l'un d'entre vous se découvrent des espérances, des passions, des projections sur ce que l'on aimerait être. Une des préoccupations principales est l'école et la réussite scolaire. Avec elle, l'avenir professionnel. Que ferons-nous demain ? Jamil avoue qu'il aimerait simplement être lui-même. Tiffany se projette plus concrètement : elle se voit travaillant dans la pub, la BD ou prof de dessin. Cécile ne sait pas encore, journaliste, écrivain... mais, en tout cas, indépendante, dans un pays européen autre que la France. Cécile aime bien parler anglais. Mélusine préfère rêver et se contente de l'instant présent. Elle

90

Ne pas confondre feuilleton, série, sitcom et soap. Par exemple, *Desperate Housewives* est un feuilleton : chaque épisode est la suite de l'autre. Un soap est un feuilleton diffusé tous les jours pendant des années comme *Plus belle la vie*. *Monk* est une série. On y raconte une nouvelle histoire à chaque épisode. *Friends* est un sitcom, une comédie de situations filmée avec des rires pour souligner les gags.

aimerait avoir un cheval et sauver tous les animaux de la terre. Arnaud, plus sérieux, dit se soucier réellement de son avenir et se voit « véto, pourquoi pas ? » Emmanuel, plutôt littéraire, ne sait pas encore, simplement être heureux. Sylvain se projette dans un bon métier. Fanny s'envisage prof de tennis. Leslie rêve de voyager et de revenir vivre à la montagne. Jules se verrait bien ingénieur. Julie s'imagine loin du béton, entourée de champs et de verdure. Claire préfère la mer : elle aimerait bien devenir océanologue.

Réussir sa vie se conjugue donc souvent avec réussite professionnelle. La majorité des collégiens rencontrés veut décrocher le bac. Les statistiques montrent que les résultats des élèves à l'entrée en seconde ne cessent de progresser. Le plus souvent, l'objectif est d'atteindre une formation supérieure courte (deux ou trois ans après le bac), qui permet

LE RÊVE D'UNE GÉNÉRATION :
TOUS COIFFEURS !

d'être assez vite opérationnel. Ce qu'ils souhaitent s'ils avaient le choix : un emploi « stable », pour éviter l'angoisse de la recherche d'emploi. Le travail n'est qu'un moyen de gagner de l'argent, qu'il faut avoir pour conquérir son autonomie et atteindre ce qu'ils désirent le plus : fonder une famille. « C'est peut-être ça, le vrai bonheur », dit Fanny. En tout cas, le moral des collégiens se porte mieux que celui de leurs aînés, qui sont actuellement en fac.

Aujourd'hui on souhaite être accompagné plus jeune dans des responsabilités par des adultes. Adultes passeurs, adultes référents. Car, responsable, on ne le devient pas brusquement, le jour de ses dix-huit ans, mais progressivement, par l'acquisition de l'autonomie. Il faut apprendre à développer ses compétences. « Dès le collège, on devrait apprendre à travailler plus en lien avec des entreprises », expose Arnaud. « Il faudrait pouvoir prendre de véritables responsabilités dans les villes par exemple ou dans les associations », revendique Cécile. C'est

92

la vertu du « faire » qui compte. Être « acteur » de ce que l'on fait.

De onze à quinze ans, même si les différences entre filles et garçons s'affinent et s'ancrent, les imaginatifs sont bien des deux côtés : garçons et filles ont envie de bouger. Les conseils municipaux d'enfants ou les actions communes enfants-adultes dans les villes en sont les meilleurs exemples. Cet engagement local fait du maire la figure politique la mieux connue et la plus aimée. Au-delà de la ville, les institutions du pays sont aussi assez bien connues. Le regard porté autour de soi est plutôt citoyen. Entre onze et quinze ans, on s'intéresse au monde. D'ailleurs, presque la moitié d'entre eux affirment regarder les informations à la télévision. Du coup, les questions à l'échelle de la planète tissent leur quotidien de grandes utopies. Ainsi, on souhaite que soient résolus la faim dans le monde, les problèmes de développement durable, les guerres, et que toutes les maladies se soignent. Les injustices et les inégalités sociales sont aussi des sujets qui les concernent. « Il faudrait arrêter de continuer à tout prendre aux pauvres comme au Moyen Âge, s'insurge Jamil. Plus les gens sont riches et célèbres, et plus on leur fait de cadeaux. Aux gens pauvres, on leur jette 4 euros dans un verre. » Mais des actes comme le vol, le racket, la pédophilie, le viol, le mensonge, ou les pollutions de tous poils « qui

93

salissent notre planète », ça aussi est vécu comme des injustices. Avoir la parole, prendre des initiatives réelles, se battre contre le racisme sont autant de prises de position qui soudent toute une génération.

V : Violences subies ou menées

Il existe diverses formes de violences. Que l'on soit victime ou auteur de ces violences, ce n'est pas facile de vivre avec tous les jours. Même si on sait que le conflit fait partie de la vie en communauté. La violence a toujours existé. Simplement aujourd'hui, nous y sommes plus sensibles, car peut-être mieux informés.

Quand on grandit, la première violence que l'on rencontre est certainement celle de l'école. Comme dans la vraie vie, la violence y est présente. Une cour de collège à l'heure de la récréation, ce sont des discussions, des poursuites, des jeux de ballon… et puis des moqueries, des bagarres, du racket, des engueulades entre élèves ou avec un prof, des injustices aussi… Pour régler ses comptes, le plus souvent entre bandes, on attend la sortie de l'école. C'est à l'extérieur que beaucoup de choses se passent. Certaines violences sont plus banales que d'autres. « Les garçons sont souvent plus violents que les filles,

déclare Leslie. Ils se battent facilement. » Et Claire de renchérir : « Nous, on crie plus, on s'engueule, quoi… »

Les actes violents sont en augmentation chez les onze-quinze ans. La délinquance touche les ados de plus en plus jeunes. Leslie, Julie et Claire, qui habitent un département difficile de la banlieue parisienne, connaissent la violence au quotidien. « Tous les jours, il y a quelque chose de nouveau dans la cité ou au collège : un carreau cassé, un nouveau graffiti, une histoire d'agression de prof, d'élève, d'agent de police. À force, la violence, c'est fatigant. » « Ce qui est sûr, c'est qu'on n'est pas tous égaux devant la violence, lance Sarah. Je pense que c'est plus facile de vivre dans une petite ville de province que dans une banlieue difficile. »
Cécile, Santana, Tiffany, Arnaud, Emmanuel ou Milena expliquent n'avoir jamais eu affaire à la violence. Sylvain, plus mesuré, avoue que, avec

l'entrée en sixième, c'est le collège tout entier qui est violent. Mélusine et Jamil parlent aussi du collège comme d'un lieu de violence. L'absence de parole, par exemple, est considérée comme une violence subie. « Écouter des journées entières parler des profs, c'est très énervant, lance Christophe. On dirait que seule leur parole compte. » En effet, 75 % des temps de parole au collège sont occupés par l'adulte. Et encore, les 25 % accordés aux jeunes sont essentiellement consacrés à la répétition de la parole du maître. Parler l'autre, forcément, ça fatigue. « C'est pas étonnant qu'il y en ait qui soient agressifs. Moi-même, parfois, j'en ai tellement marre de rester vissé sur ma chaise en classe que j'ai envie de taper sur quelque chose, de me libérer », poursuit Christophe. Et il n'est pas le seul. Au collège, presque un jeune sur cinq a une conduite violente. « Des bagarres, des conflits, j'en ai toujours eu autour de moi dans mon ancien collège de banlieue, explique Lola. Même aujourd'hui, dans mon lycée chic, il y en a, surtout à l'extérieur. Mais je me suis toujours débrouillée pour les éviter. »

Parfois, cette violence peut être inscrite naturellement dans les règles de certains jeux de la cour du collège. Des jeux dangereux et qui vont se pratiquer à l'abri du regard des adultes : « Le petit pont massacreur, GI, gardav', la machine à laver, le jeu du jugement, la salade, le cercle infernal, l'anniversaire... » Des jeux aux noms évocateurs... Il s'agit réellement de s'amuser, parfois ensemble, parfois au détriment d'autrui. Le but étant pour le chef de bande de renforcer sa place en montrant sa force physique ou psychologique, ou simplement de s'amuser en groupe au détriment d'un plus faible.

Un jeu très répandu aussi consiste à capturer un « ennemi », à le dépouiller pour rapporter des trophées de prix : habits de marque ou objets de valeur. « Tout ça à cause de défis lancés à tout bout de champ, toujours plus gonflés que les précédents », explique Jamil. Défis entre bandes, honneur de personnes. Le point de départ reste le même : s'affirmer dans un groupe. « Avec un peu de solidarité, qu'on soit victime ou témoin de trucs pareils, s'emporte Emmanuel, il ne faut pas rester seul. Il faut demander de l'aide... et tant pis si on passe pour un poucave (balance), ça passera ! Car là, c'est une question de vie ou de mort. »

Mais, de ces violences subies, il y en a de bien plus graves : les violences physiques ou sexuelles infligées par certains adultes. Parmi les onze-quinze ans rencontrés, tous ont évoqué la pédophilie comme une grande injustice condamnable. Là encore, les jeunes des villes et des banlieues sont plus souvent touchés par des violences sexuelles ou physiques que les jeunes des campagnes. Ces jeunes qui ont été victimes d'actes de violence sont plus violents que les autres (entre onze et treize ans, on passe de 18 % en moyenne à pratiquement 50 % pour les victimes de la

Violences infligées

- 23 % des collégiens en région parisienne déclarent être fréquemment violents vis-à-vis des personnes et des objets, contre seulement 17 % en province.
- 43 % des garçons et 23 % des filles ont été mêlés à une bagarre.
- 20 % des garçons et 6 % des filles ont déjà blessé quelqu'un.
- 17 % des garçons et 9 % des filles ont déjà volé.
- Les garçons sont plus violents que les filles (33 % contre 16 %).

Violences subies

- Un jeune sur six dit avoir été victime de violences depuis un an.
- 16 % des jeunes disent avoir été persécutés.
- 7 % ont été victimes de blessures.
- 10 % victimes d'un vol.
- Les filles subissent moins que les garçons des violences de type « agressivité », mais sont bien plus touchées par la violence sexuelle. 4 % des collégiennes en auraient subi.

Violences sur soi

- 10 % ont fait une tentative de suicide.

98

violence !). Les préadolescents détiennent malheureusement ce triste record. 23 % des cas de maltraitances signalés concernent les douze-quinze ans. « Je pense sincèrement que les enfants ne sont pas assez protégés et défendus, s'exclame Cécile, même dans un pays développé et où l'on parle des droits de l'homme, comme la France. »

X : Xénophobie contre intégration

« **Celui** qui est raciste au collège, il reste devant la porte. Sur vingt-huit élèves, dans ma classe, il n'y en a que trois de souche française, explique Jamil. Dans ces conditions, on ne parlerait à personne. J'ai des camarades de Madagascar, du Congo, de Suisse, beaucoup du Maghreb. » En moyenne, 20 % des jeunes en collège sont d'origine étrangère. 13 % seulement sont de nationalité étrangère.

Le racisme et la peur qu'il suscite sont l'un des thèmes qui reviennent systématiquement dans la bouche des onze-quinze ans. Tous en parlent comme d'une grande honte pour un pays riche comme la France. Comme les droits de l'enfant, la violence ou la pollution, le racisme est un sujet sur lequel on s'engage.

« C'est normal, on connaît tous quelqu'un qui vient d'un autre pays que la France !, s'exclame Magda. Moi,

... et comme le temps est un ami, il colore, il colore ...

MAGDA
Finlando-Basque

CARMEN
Hispano-Bretonne

MARLEY
Anglo-Jamaïcain

c'est mon père : il est finlandais. » Tiffany et Santana ont aussi un père étranger au territoire français. Lui est venu des îles. Christophe a une mère anglaise. Le père de Milena est d'origine portugaise. Le père de Jamil est tunisien. « Aujourd'hui, j'ai la double nationalité. À dix-huit ans, il faudra que je choisisse entre la française et la tunisienne. » Ces diverses origines concernent plus de 12 millions de Français. Un Français sur quatre compte un parent ou grand-parent immigré. « Moi c'est les deux parents de mon père qui viennent d'autres pays, explique Jules. Ma grand-mère d'Hanoï, mon grand-père du Caire. »

Entre onze et quinze ans, même si on ne connaît pas les chiffres exacts, il existe un certain pressentiment de cette réalité. Et quand on vit avec ces mélanges dans le sang, le racisme apparaît comme une immense aberration.

100

Malgré cela, l'intégration est quelque chose qui ne va pas de soi. Aujourd'hui comme avant, l'acceptation des personnes étrangères est difficile. Aucune génération ne s'est intégrée sans problèmes. La seule différence avec les vagues successives d'Italiens, de Polonais ou d'Espagnols, venus sur le sol français depuis un siècle, c'est qu'aujourd'hui les immigrés ne sont plus d'origine européenne, ils viennent d'Asie ou d'Afrique. « Quand ils se promènent dans la rue, on les remarque, explique Sarah. C'est cela qui dérange. Pourtant, on a vu avec le prof d'histoire qu'il n'y a pas beaucoup plus d'immigrés en 2005 qu'en 1930. J'ai retenu que cela ne faisait pas plus de 8 % de la population. C'est beaucoup d'histoires pour pas grand-chose ! »

Z comme Conclusion

Imaginez un pont de corde suspendu entre deux terres où derrière serait l'enfance et, devant, l'âge adulte. Alors, ils avancent, les onze-quinze ans. À petits pas. Tranquillement. Il y a les joyeux, les légers, ceux qui ne regardent pas derrière eux ni en bas pour ne pas tomber. Il y a encore les violents, les pas contents, les blessés, ceux qui se plaignent de mal au cœur, de mal au corps...

Parfois le quotidien est secoué d'insécurité, de crises de peur. D'autres jours, le temps est si calme, si clair que l'insouciance, nez au vent, reprend le dessus. C'est si facile alors de marcher, d'avancer sur ce pont de corde. C'est si facile alors d'être bien dans son âge.

Toutes ces rencontres m'ont laissé dans la tête de drôles de souvenirs : moments de cafard, coups de gueule, mais souvent aussi bonheurs intenses, rires, émotions étourdissantes, légères et insouciantes. Une tranche de vie d'ado débordant de joie de vivre. Des filles qui confient leur envie d'embrasser des garçons sans savoir comment faire, sans pouvoir leur plaire... Des garçons plus réservés ou parfois réellement débridés...

Puis d'autres rencontres d'amis tendres et solitaires, gais, tristes, responsables et imprévoyants, légers, inquiets... De longues confessions. Changer de

peau, changer de tête. Ses seins qui ne poussent pas, ses hanches qui n'évoquent rien… en tout cas rien à l'autre, celui qu'on aime mais qui ne nous regarde pas.

Et puis les parents dont on a envie de se détacher. Du fossé que l'on creuse, de son propre chantier. Certains n'ont pas encore commencé à creuser, d'autres ont terminé. Cette distance que l'on met entre soi et l'adulte, on sait bien que c'est un peu de liberté conquise, d'affirmation de soi, confirmée.

Les 11-15 ans : Conclusions de l'enquête

103

Sources d'information et ouvrages de référence

L'État de l'enfance en France. Réalités et difficultés, par l'Observatoire de l'enfance en France de la Fédération des pupilles de l'enseignement public, sous la direction de Gabriel Langouët, Éditions Hachette.

Collégiens et Lycéens, sous la direction de Régine Boyer, Éditions Nathan.

Attentes et Comportements des adolescents, Marie Choquet, Sylvie Ledoux, Éditions INSERM.

Paroles pour adolescents, Catherine Dolto-Tolitch, Éditions Hatier.

Les 10-13 ans, peur et passion de grandir, Éditions Autrement.

Les nombreux ouvrages des Éditions de La Martinière Jeunesse.

Fil Santé jeunes et toute son équipe : tél. : 08 00 23 52 36 (numéro vert, appel gratuit).

104

CIDJ (Centre d'information et de documentation jeunesse) : tél. : 01 44 49 12 00.

Credoc (Centre de recherche pour l'étude et l'observation des conditions de vie).

Insee (Institut national de la statistique et des études économiques).

Ministère de l'Éducation nationale, de la Recherche et de la Technologie.
Ministère de la Jeunesse et des Sports.

Remerciements tout particuliers à tous les jeunes ados rencontrés au cours de ce reportage, à Marie Choquet, chercheur à l'Inserm, à Brigitte Cardéac, psychologue, responsable de Fil Santé jeunes, et à toute l'équipe de professionnels à l'écoute des jeunes, préados, ados et jeunes adultes.

Découvrez aussi le spécial Oxygène de 256 pages, intitulé :
Un grand bol d'Oxygène,
160 questions strictement réservées aux ados
pour retrouver des éléments de réponse
à un grand nombre de questions que vous vous posez.

Conception graphique : Élisabeth Ferté
Conception de la maquette : Valérie Roland

© 2008, Editions de La Martinière,
une marque de La Martinière Groupe, Paris
ISBN : 978-2-7324-3722-4
Dépôt légal : mars 2008
Conforme à la loi n°49-956 du 16 juillet 1949 sur les publications destinées
à la jeunesse.
Imprimé en France par Pollina - L45804D